NEUILLY SOUS LA COMMUNE

NEUILLY

SOUS LA COMMUNE

(DU 18 MARS AU 22 MAI 1871)

OU ÉPISODES INTÉRESSANTS

RECUEILLIS

Par des professeurs de Sainte-Croix, témoins oculaires

Se vend au profit des Pauvres de Neuilly.

PARIS

ADOLPHE JOSSE, ÉDITEUR
31, RUE DE SÈVRES.

—

1871

plorables. A peine les préliminaires de la paix étaient-ils signés, que cette charmante banlieue voyait sa population rentrer et les grands arbres de ses avenues commencer à reverdir au premier souffle du printemps. Elle n'avait payé que faiblement sa dette à la justice divine, et personne n'eût pu prévoir alors la terrible part qui lui était réservée dans le châtiment de la capitale, sa coupable reine et maîtresse.

Le 18 mars, la Commune avait levé l'étendard de la révolte dans Paris, et Neuilly n'avait pas tardé à voir sa mairie et son territoire occupés par les insurgés. Aussi, dès le 2 avril, dimanche des Rameaux, les gendarmes et les soldats de l'armée de Versailles venaient assaillir le pont et culbuter les gardes nationaux qui le défendaient. Ce fut le début des interminables combats qui devaient coûter la vie à tant d'hommes et couvrir de ruines le plus joli faubourg de Paris.

Neuilly n'est point un village, comme l'ont dit plusieurs journaux, mais bien une ville de vingt mille âmes, dont les habitations ne le cèdent guère à celles de la capitale pour l'élégance et le confortable. Elles s'étendent sur de grandes avenues, dont les principales sont celles de Neuilly et du Roule, qui ont deux kilomètres de longueur, ou bien elles sont disséminées en jolies villas sur de larges boulevards, régulièrement plantés, surtout dans l'ancien parc. Elle compte un bon nombre de maisons d'éducation et de communautés, qui sont venues y chercher l'air pur et le calme de la campagne, aux portes de l'immense cité.

Nous n'avons pas la prétention de faire l'histoire complète de cette affreuse guerre, qui vient de ravager nos maisons et d'ensanglanter nos rues, mais de raconter simplement des épisodes qui peuvent intéresser le lecteur, et dont nous avons été témoin ou que nous tenons d'autres témoins oculaires. Ce ne sont point des anecdotes inventées à plaisir et arrangées pour frapper les esprits; ce sont des faits, hélas! trop vrais, qui peignent la situation et qui révèlent les souffrances de nos concitoyens, en même temps que le caractère intime des soldats de la Commune.

GÉNÉRALITÉS.

Pour comprendre bien la position des armées belligérantes et les péripéties de la lutte, il faut se figurer la petite ville de Neuilly et son territoire enserrés par un repli de la Seine contre le rempart, entre le bois de Boulogne et Levallois. De grandes avenues, tirées au cordeau et plantées d'arbres, partent des portes de la capitale, traversent la ville et le parc, et vont aboutir au fleuve, la principale au vieux pont, bâti sous Louis XV, et la plus éloignée au nouveau pont de la Jatte, à moitié détruit par le génie, pour arrêter les Prussiens. Dès le début des hostilités, c'est-à-dire pendant la Semaine sainte, l'armée de Versailles s'empara du premier pont et s'étendit sur les rives de la Seine, à l'abri des maisons; elle se hâta de construire des barricades et des redoutes sur les avenues principales, afin de se mettre à couvert des canons du rempart, qui tiraient le long de ces grandes voies. Elle établit aussi des batteries derrière ses retranchements, pour éteindre le feu des bastions et surtout pour démolir la Porte-Maillot et celle des Ternes. Là se porta le principal effort de l'artillerie.

Neuilly se trouvait donc exactement pris entre deux feux. Les projectiles se croisaient dans ses avenues et au-dessus de ses maisons. La circulation était impossible, excepté dans quelques rues de traverse, et les habitations voisines des retranchements recevaient à chaque instant des obus égarés. La situation des habitants devint encore beaucoup plus critique, quand les soldats des deux partis, voulant se rapprocher et se combattre au fusil, pénétrèrent en tirailleurs dans les maisons, dans les cours et dans les jardins, crénelant les murs ou tirant par les fenêtres. Les projectiles pleuvaient alors comme la grêle, perçaient les portes et les volets, ou sifflaient dans les arbres comme des milliers de serpents. Pour en finir plus vite, les combattants amenaient des canons et foudroyaient sans pitié les maisons d'où partaient les coups. Bientôt les murailles s'écroulaient, les planchers s'effondraient, et quelquefois un incendie s'allumait au-dessus des malheureux habitants réfugiés dans leurs caves.

Qui se figurera jamais, sans l'avoir entendu, ce bruit incessant du canon et de la fusillade tout autour de soi; les détonations des bombes et des obus qui tombaient et éclataient sur les toits, dans les maisons et quelquefois jusque dans les caves, renversant et broyant tout; le tintamarre des écroulements et des vitres brisées qui volaient en éclats? Vous eussiez dit l'enfer déchaîné sur la terre et s'évertuant à épouvanter les hommes.

Ceux qui n'ont pas vu les ravages des obus dans l'intérieur d'une maison, ne s'en font qu'une idée imparfaite. Le trou le plus large qu'il puisse faire dans les toits, dans les plafonds ou dans les murs, avant d'éclater, n'est rien en comparaison des effets de l'explosion sur les meubles et sur les cloisons. Quand vous courez à l'appartement, vous trouvez les portes rompues, les fenêtres pendantes ou jetées dans la rue, les armoires et les placards effondrés, le reste du mobilier brisé et une partie des cloisons enfoncées. A l'institution de Sainte-Croix, un de ces projectiles a traversé la lingerie des élèves, dans laquelle il y avait une multitude de petits casiers fermés chacun par une porte; la seule explosion a ouvert instantanément toutes les cases et en a jeté toutes les portes sur le parquet, tandis que les éclats métalliques emportaient des lambeaux de linge jusque dans la cour. Il faut encore s'estimer heureux quand la poudre ne met pas le feu au mobilier. Que n'ont pas à craindre les personnes qui se trouvent dans la chambre ! On a vu des familles entières, qui se croyaient en sûreté derrière un gros mur ou sous un plancher, disparaître tuées ou mutilées sous les débris.

Un père était resté seul auprès de son fils malade. Il ne pouvait avoir ni médecin ni remèdes; car la circulation était impossible dans son quartier. On n'aurait pas même trouvé du secours pour éteindre un incendie: les hommes aimaient mieux laisser brûler une maison que de se faire tuer. Le jeune homme vint à mourir. Pendant que l'infortuné père pleurait auprès de son lit, un obus perce le mur, mutile le cadavre et renverse le père sous les décombres. Au bruit de l'explosion, les hôtes de la même maison viennent voir ce qui est arrivé. Saisis d'horreur, ils enlèvent les débris et sauvent le père, qui n'était pas blessé. Puis, avec quelques planches détachées des portes et des meubles fracassés, ils font une sorte de cercueil, y renferment le mort et vont le déposer dans une fosse creusée à la hâte au fond du jardin.

Au commencement du siége, quand la canonnade et la fusillade étaient moins intenses, on portait encore les morts à l'église; mais il fallut bientôt y renoncer. Un jour, le cortége funèbre fut surpris par une telle décharge d'artillerie, qu'il dut se coucher à plat ventre pendant quelques minutes, clergé et famille, pour échapper à la mort. L'église elle-même fut criblée par les boulets et les obus, comme nous le dirons bientôt.

L'effroi devint tel que, dans les rues les plus fréquentées, on n'entendait pas marcher une personne pendant des heures entières, si ce n'est la garde nationale, qui se glissait doucement le long des murs pour se rendre au combat. Toute la population était dans les caves, tantôt par familles isolées, tantôt par compagnies de vingt à trente personnes. Les portes étaient fermées, blindées en dedans, et les cordons de sonnettes coupés; on ne communiquait que par les soupiraux. Encore la plupart des ouvertures étaient garnies de matelas, pour amortir les projectiles et pour ne pas effaroucher les communeux, qui craignaient toujours la trahison, tant ils sentaient bien qu'on leur était peu sympathique !

Ils étaient si défiants, qu'ils prenaient pour des signaux le son des clochettes, les lumières les plus communes, et jusqu'à la fumée des feux; ils coupaient les cordes des cloches de communautés, prohibaient les lanternes et menaçaient les boulangers qui faisaient du feu pendant le jour.

Représentez-vous vingt individus dans un étroit caveau, hommes, femmes, enfants, à la lumière d'une bougie, y dormant, y mangeant, y causant, et finissant par s'y ennuyer à mourir. Passe encore un ou deux jours; mais rester en face des mêmes personnes pendant des semaines, à ne rien faire et souvent à ne rien dire, quelle vie ! C'était la leur pourtant, quand il ne leur arrivait pas quelque nouvelle du dehors, ou qu'ils ne se disputaient pas entre eux pour se distraire. Les femmes essayaient de travailler quelque peu, les enfants criaient ou chantaient, les hommes fumaient, quand ils avaient du tabac, ou faisaient de la politique à leur façon. Quelques-uns sortaient, et venaient raconter leurs prouesses. Dans la maison et dans la cave même, il arrivait des aventures; on riait souvent pour des riens, surtout lorsqu'on s'était procuré un peu de nourriture et un peu de vin. Mais il y avait de terribles moments, où la faim et l'inquiétude torturaient les corps et les âmes.

Une famille d'ouvriers était dans la détresse la plus affreuse, et se voyait condamnée à mourir de faim. Le père et la mère auraient pu prolonger leur agonie; mais ils avaient là, sous les yeux, cinq enfants, dont les cris leur déchiraient le cœur. Que faire? Sortir, c'était s'exposer à mourir presque tous sous les balles et les obus; rester, c'était périr plus lentement, mais plus sûrement encore, dans les horreurs de la faim. On se consulte, on pleure, on prie Dieu et on se décide à fuir au pas de course. La Providence les a sauvés.

D'autres étaient moins heureux. Un gardien du bois de Boulogne, qui osa traverser une avenue, eut la tête complétement emportée par un boulet ou un obus. Un autre homme, qui voulut tenter le même passage, fut atteint à la jambe d'une façon si atroce, que les lambeaux en volèrent jusque dans les jardins. Combien de personnes imprudentes, ou poussées par la nécessité, furent blessées de même ou y perdirent la vie!

Pendant certaines heures de la nuit, le combat était moins violent. Les boulangers, bouchers et épiciers en profitaient pour envoyer leurs voitures à toute bride, par des rues obliques, jusqu'à la porte d'Asnières, qui leur fut longtemps ouverte. Les consommateurs, à leur exemple, se hasardaient aux mêmes heures à franchir les passages dangereux, en courant ou en rampant; ils allaient appeler aux soupiraux des fournisseurs, achetaient et emportaient des provisions pour une partie de la semaine. Pendant qu'ils s'exposaient ainsi pour le salut commun, les familles qui avaient de la foi priaient pour eux; les autres étaient dans l'angoisse jusqu'à leur retour. Quand ils avaient réussi et déposé leur charge, c'était un moment de joie; on les remerciait, on leur prenait les mains, et les enfants les embrassaient. Chaque fois, on espérait que ce serait la dernière, et que le jour de la délivrance viendrait enfin à luire; car on parlait longtemps d'avance d'un armistice. Mais, hélas! le moment tant désiré n'arrivait pas.

Le besoin rend ingénieux. Dans certaines rues dangereuses, on jetait une corde d'un côté à l'autre, ou d'une maison à l'autre, et on attirait de la sorte, sans craindre les balles, un panier rempli de provisions. Lorsque l'escalier ou la porte d'une maison était trop exposé aux projectiles, on descendait par les fenêtres sur l'autre façade. A la fin, le danger augmentant, on avait percé les murs intermédiaires des caves, des cours et des jardins, pour arriver jusqu'aux approvisionnements par ces chemins secrets. Quelles tristes nécessités! Quels temps douloureux!

Un jour, nous vîmes passer une voiture qui semblait chargée de matelas. Quand elle s'arrêta dans la rue, on aperçut, sous les matelas entr'ouverts, des bras et deux têtes de femmes, puis une petite fille qu'on tirait de cette cachette pour la remettre entre les mains d'une personne placée sur le trottoir.

Ensuite les deux femmes se replièrent à l'intérieur, comme le limaçon dans sa coquille, et la voiture partit au galop.

Ces petits faits étaient des événements pour les pauvres reclus des caves, où les grosses nouvelles n'arrivaient guère. On regardait par les soupiraux pour découvrir la matière d'une conversation intéressante; les plus braves essayaient de lier quelques rapports avec les voisins; leur hardiesse entraînait parfois les plus peureux jusqu'aux fenêtres du premier étage, pour voir dans la rue. Le moindre incident était une bonne fortune. On se permettait souvent de rire pour des aventures assez tristes. Par exemple, un vieillard, qui ne devait plus guère tenir à la vie, arrivait lentement par la rue de la Mairie sur le boulevard Eugène, quand les canons du bastion voisin reprirent leur feu avec une sorte de fureur. Il en fut tellement éffrayé, qu'il tomba à la renverse et y resta quelque temps comme mort. On crut qu'un projectile l'avait atteint. Mais bientôt on le vit se remuer et, la canonnade diminuant, se traîner à plat ventre à l'abri d'un mur, avec une prudence très-digne de son âge. Ce pauvre vieux n'était pas encore décidé à mourir. Voilà bien la nature humaine!

L'ennui et le besoin d'air, après les premiers temps et les premières frayeurs, faisaient sortir beaucoup de monde des caves, malgré le péril le plus manifeste; puis, ne s'aguerrit-on pas au milieu des boulets et de la mitraille, à force de les entendre siffler et de les voir passer sans accident? Les enfants cherchaient sans cesse à s'échapper des mains de leurs mères, qui s'efforçaient en vain de les effrayer pour les retenir. Les hommes se plaignaient d'engourdissements et de rhumatismes, pour légitimer de petites excursions que leurs femmes appelaient des imprudences. Quand il n'arrivait pas de malheur, on devenait de plus en plus audacieux. Mais une balle ou un obus frisaient-ils la figure et surtout blessaient-ils quelqu'un, la frayeur et la prudence reprenaient leur empire.

Un bourgeois était monté à sa chambre pour se faire la barbe, et son fils était auprès de lui sur un lit. Pendant qu'il était penché vers sa glace, le rasoir à la main, un obus lui frisa l'occiput et alla tomber sous le lit sans éclater. Si cet homme eût eu la tête droite, elle eût été emportée, et si l'obus avait éclaté, le fils et le père étaient morts. La leçon était suffisante. Je crois qu'il alla finir sa toilette un étage plus bas, sans doute en remerciant son ange gardien : il y avait bien de quoi.

Les obus n'éclataient pas toujours. Soit que le feu s'éteignît dans les uns, soit que la percussion se fît mal dans les autres, il y avait des exceptions heureuses. Deux hommes étaient occupés à éteindre un incendie dans le grenier de Sainte-Croix; déjà le feu avait fait un trou au plancher. Tout à coup, un second obus perce le toit ou passe par l'ouverture déjà faite et vient rouler auprès des travailleurs. Au lieu d'éclater, il rencontre le trou fait par l'incendie, et il tombe dans l'étage inférieur. Les deux hommes étaient sauvés. Ceux-là aussi durent un beau cierge à la Vierge, dont la statue se dressait sur le toit, à quelques mètres au-dessus de leurs têtes.

Le lecteur demandera peut-être pourquoi les malheureux habitants de Neuilly étaient restés dans leurs maisons, au lieu de prendre la fuite? C'est qu'ils n'avaient pas prévu cette horrible guerre et qu'ils s'étaient trouvés cernés dès le commencement. Les Versaillais, en s'emparant du seul pont qui leur offrait une issue vers la campagne, ne leur avaient laissé d'autre retraite que Paris, dont le séjour ne souriait à personne, sous le règne de la Commune, et à la veille d'un second siége. Puis on espérait que cette bourrasque allait passer vite, et que la France aurait bientôt raison des émeutiers, ou du moins que l'armée de Versailles s'emparerait de Neuilly tout entier. Les premiers combats, qui avaient été pour les fédérés des déroutes honteuses, confirmaient cette espérance. Ensuite, les portes et les remparts furent tellement criblés de projectiles, qu'ils étaient inabordables : on préférait souffrir chez soi que d'aller mourir là. Beaucoup de personnes eurent la pensée de se jeter dans les lignes versaillaises ; mais les postes avancés des deux partis surveillaient l'espace intermédiaire et tiraient avec fureur sur tout individu qu'on y voyait remuer, ou même qu'on y entendait marcher la nuit. Les sentinelles avaient une consigne sévère et faisaient feu à la troisième sommation, quand on ne répondait pas le mot d'ordre. Comment échapper? La peur enchaînait donc tout le monde dans les souterrains, et l'espoir d'une trêve, demandée avec instance, inspirait la résignation.

Cette trêve n'arriva que le 25 avril; on ne voulait plus y croire. Il fallut que les messagers de la bonne nouvelle descendissent dans les caveaux pour expliquer le silence du canon et des mitrailleuses, et pour persuader aux malheureux captifs qu'ils pouvaient sortir sans danger. Alors ce fut une grande joie et un grand mouvement, quoique la perspective de s'en aller dans Paris, sans ressources et sans logement, au milieu des troubles politiques, ne fût pas très-gaie pour ceux qui réfléchissaient. Mais le mal présent est celui qu'on ressent davantage, et l'avenir se dore toujours de quelque espérance. On fit donc ses préparatifs de départ à la hâte. Chacun prit ce qu'il avait de plus précieux et laissa le reste à la garde des concierges, quand ils voulurent rester, ou bien au hasard de la guerre, quand personne ne se chargea de le garder. Avant tout, il fallait sauver sa vie. Rien de plus triste et de plus bizarre que ce spectacle d'une population épouvantée, qui s'enfuyait les mains pleines d'objets divers et qui se pressait aux ponts-levis, comme si le temps eût dû lui manquer. Les voitures étaient rares; on n'en trouvait pas à louer pour des centaines et des milliers de francs. Des milliers de personnes sortirent ainsi de Neuilly, et il n'en resta guère que deux ou trois centaines, parmi lesquelles figuraient surtout des concierges. On était persuadé que toute maison abandonnée serait infailliblement pillée. C'est pourquoi beaucoup bravèrent la mort et ne voulurent pas quitter leurs foyers. Le général en chef dit à quelques-uns : « Vous brûlerez. » Ils répondirent : « Eh bien! nous brûlerons. »

Pendant cette trêve, les armées réparaient les brèches et se disposaient à reprendre le combat. Quand la dernière heure eut sonné, les canons, les obusiers, les mitrailleuses et les fusils recommencèrent leur infernal concert avec une violence qu'on n'avait pas encore vue.

L'ÉGLISE ET LA MAIRIE DE NEUILLY.

Après ces généralités, parlons en particulier de l'église, de la mairie et de quelques établissements où se sont passées des scènes dignes du plus grand intérêt. Il est juste que nous commencions par la maison de Dieu.

L'église paroissiale est au bas de la Grande-Avenue, sur la droite et non loin du pont. Elle est beaucoup trop étroite pour la population. Mais elle était bien tenue et bien ornée. On venait de terminer la voûte à grands frais et de poser dans le sanctuaire un très-bel autel, et d'autres travaux étaient projetés pour son embellissement, à mesure que de nouvelles ressources le permettraient. Hélas! on avait compté sans les obus de la Commune, qui ont percé en vingt endroits le toit, le plafond et les murs; maintenant, il faudra trouver cent mille francs pour réparer les dommages.

Le sanctuaire, heureusement, a peu souffert. Quelques éclats d'obus ont atteint le marbre de l'autel et les marches; le plus malencontreux a frappé et broyé le crucifix, qui reposait sur le tabernacle, entre les colonnes d'une élégante exposition; mais, chose étonnante, ces colonnettes n'ont pas même été froissées. Jamais joueur de quilles, si on me permet cette comparaison, n'a fait sortir plus adroitement celle du milieu.

Tout ce que les journaux ont publié de l'occupation de cette église par les troupes, de drapeaux arborés et pris, de combats et de massacres dans sa nef, n'est qu'une série de contes inventés à plaisir. Elle a été respectée par l'armée versaillaise et n'a pas été souillée d'une goutte de sang.

Mais elle a dû être abandonnée et fermée dès les premiers jours de la lutte, parce que le voisinage de la grande redoute, construite en avant du pont, attira de suite sur ce point les principaux efforts des combattants. Ce fut le dimanche des Rameaux, après la procession et avant la messe paroissiale, qu'eut lieu la première attaque des Versaillais. Le bruit de la fusillade épouvantait tellement les fidèles réunis dans l'église, que M. l'abbé Hennet fut obligé de prendre la parole, pour les rassurer sur la situation présente et leur indiquer une sortie par derrière, à l'abri des balles qui commençaient à siffler devant le grand portail. Il ne dit qu'une messe basse, après laquelle les assistants défilèrent en bon ordre par la rue de l'Eglise et se retirèrent chez eux sans aucun accident. L'histoire d'une prétendue pension de jeunes filles, qui aurait été décimée dans la rue par les projectiles, est une invention des journaux.

Deux heures après, les fédérés défilaient à leur tour sur le pont de Neuilly, pour rentrer dans Paris, mais en rangs si pressés et avec une telle précipitation, que plusieurs étaient à moitié écrasés contre les parapets; puis la déroute se complétait avec plus d'aisance dans toutes les rues de Neuilly. Ils ne se crurent en sûreté que derrière les remparts. Ce jour-là, si Versailles avait eu une armée, il lui eût été facile de pénétrer presque dans Paris.

Il y eut ensuite quelques jours de relâche, qui permirent au clergé de la paroisse d'exercer ses fonctions ordinaires jusqu'au Mercredi-Saint. Mais le jeudi et le vendredi eurent lieu des attaques plus vigoureuses et plus décisives. L'armée de Versailles franchit le pont de nouveau, s'empara de la barricade et s'établit dans le bas de la ville, qu'elle n'a plus quittée depuis. Plus tard, elle s'avança jusqu'à la rue des Huissiers et sur les deux rives de la Seine, comme nous l'avons déjà dit, mais sans vouloir approcher davantage des portes de la capitale. A partir du Jeudi-Saint, il ne fut donc pas possible d'exercer le culte dans cette église, pas même le jour de Pâques, et les prêtres, comme les fidèles, durent attendre, avec anxiété, la fin de cette lutte épouvantable.

La mairie de Neuilly était tombée au pouvoir de la Commune dès le début de la guerre, et les gardes nationaux de la localité fraternisaient avec ceux de Belleville et confrères. On faisait ensemble surtout de copieuses libations. Grâce à cette entente cordiale, il n'y eut pas de dévastations, et les employés purent rester à leur poste. On y établit une ambulance provisoire, qui subsista jusqu'à la fin des hostilités, sous la direction du docteur Duval.

Mais les projectiles versaillais ne ménagèrent pas l'édifice communal. Les obus pleuvaient comme grêle sur les gardes nationaux, qui en avaient fait un de leurs postes principaux. Beaucoup y périrent, et quatre ambulanciers y trouvèrent la mort en servant les blessés. Le drapeau rouge, qui flottait au sommet de la maison, éclipsait celui de l'ambulance, qui avait été abaissé au second plan.

Malgré le péril de la position, les communeux s'y arrêtaient volontiers pour boire le vin et l'eau-de-vie destinés aux malades; et plusieurs y perdaient non-seulement l'ardeur belliqueuse qui les animait, mais jusqu'à la force de fuir les bombes et les boîtes à mitraille. Un témoin oculaire les a vus défoncer un tonneau et y puiser à plein verre, pour goûter plus sensiblement et plus promptement le plaisir de vivre aux dépens de la patrie.

Dix-sept obus ont été ramassés en morceaux dans les diverses salles de la mairie, après y avoir fait de grands ravages. Un d'eux a ouvert d'un seul coup, et sans y toucher, quarante caisses de biscuit emmagasinées dans une pièce, et tous les biscuits ont été dispersés çà et là. Singulier effet de l'explosion ! Le plus habile serrurier n'aurait pas mieux arraché les clous. Un des morceaux, pour compléter la scène, pénétra dans un carton, en expulsa tous les papiers et s'y logea seul : image trop fidèle de la tyrannie, qui ne respecte aucun droit et qui se pose en reine partout où elle peut entrer par la force.

Aucun autre incident d'une plus haute importance ne nous a été signalé touchant la mairie.

NOTRE-DAME DE SAINTE-CROIX.

Le premier établissement qui attire l'attention, au sortir de la porte des Ternes, est l'institution ou le collége de Sainte-Croix. Il est surmonté d'une croix en pierre et d'une vierge en bronze, dont la tête a disparu sous les coups de canon. Si les constructions en projet eussent été continuées jusque sur l'avenue du Roule, elles offriraient aujourd'hui une des plus grandes ruines de Neuilly ; car nulle part il n'est passé plus de projectiles que par cet endroit, qui était directement sous le tir de la porte et du bastion de droite. Malgré le retrait de 20 à 25 mètres, le grand bâtiment a été si gravement atteint qu'on s'attendait chaque jour à le voir s'effondrer, et que des journaux anglais ont annoncé sa chute sur une partie des religieux. Heureusement le mal n'est pas allé jusque-là : les dommages sont réparables. Au mois de septembre, cette importante maison d'éducation pourra reprendre tous ses élèves et continuer ses cours classiques, sous la direction des mêmes religieux qui l'ont fondée (¹).

Depuis l'invasion des Prussiens, elle a payé largement sa dette à la patrie, car elle a presque toujours été occupée militairement, dès le commencement de septembre 1870 jusqu'à la fin de juillet 1871, d'abord par une division du général Vinoy, à son retour de Sedan, puis par les francs-tireurs de la Seine, après cela par une ambulance et par une compagnie de gendarmes, enfin par la troupe de ligne, depuis la prise de Paris par l'armée française. Un de ses moindres mérites, mais non de ses moindres malheurs, est d'avoir servi de caserne à deux compagnies de communeux, du 6 au 22 mai, pendant que les religieux étaient en prison

(¹) On y donne séparément, selon le désir des familles, l'instruction primaire complète, pour l'industrie et le commerce, et tout ce qui constitue l'instruction secondaire des lycées, depuis la huitième jusqu'à la philosophie, pour les examens du baccalauréat ès-lettres et ès-sciences.

parmi les otages. Dombrowski, le général en chef, a tenu son conseil de guerre dans une des salles de l'infirmerie et passé une revue dans les cours. Nous reviendrons sur le séjour de ces goujats.

Pendant le premier siége de Paris, l'établissement n'avait guère perdu que ses clôtures en bois : grâce au séjour de quelques religieux, consacrés au service des ambulances, l'intérieur avait été respecté par ses hôtes de passage. C'est pourquoi, après la signature des préliminaires de la paix, le R. P. Champeau avait pu rendre promptement aux salles leur destination première et annoncer la rentrée générale des élèves pour le mardi de Pâques; mais il comptait sans la Commune de Paris, qui se mit en insurrection le 18 mars, comme nous l'avons dit, et qui fut attaquée dans Neuilly le dimanche des Rameaux, par les troupes de Versailles.

L'année scolaire était remise en question.

Pendant la première semaine des hostilités, il y avait à peine quelques canons sur les remparts : la Porte-Maillot luttait seule contre la batterie de Courbevoie ; mais le pont ayant été emporté par les Versaillais, on crut qu'ils allaient s'approcher rapidement de l'enceinte de Paris. Alors la porte des Ternes fut promptement armée et le bastion nord se hérissa de pièces d'artillerie. Pendant ce temps-là, au lieu d'avancer, les assaillants se fortifiaient au fond de l'avenue du Roule et dans les rues voisines. L'institution de Sainte-Croix, qui se dressait en face du rempart, à 250 mètres, était placée tout juste entre les deux partis ; elle devait donc s'attendre à souffrir beaucoup de leur feu croisé, ou plutôt elle semblait destinée à périr. Bientôt des milliers de projectiles passèrent à chaque heure par dessus ou à côté et quelques-uns dedans; les vitres tombaient des fenêtres avec fracas et jonchaient le sol vingt mètres à l'entour.

Les religieux, qui avaient plus d'une fois monté au grenier pour contempler la bataille, quand elle était au-delà de la Seine, non loin du Mont-Valérien ou du côté d'Asnières, cessèrent d'être en sûreté même au rez-de-chaussée. Le supérieur faillit être tué à son bureau, où il travaillait tranquillement, protégé par un matelas qui couvrait la moitié de sa fenêtre ; car un artilleur ayant été atteint par une balle sur sa pièce, ses camarades s'imaginèrent que le coup partait du collége et lancèrent deux obus au travers de la maison. Ils passèrent heureusement dans les chambres du premier étage qui étaient inoccupées en ce moment; mais l'explosion mit le feu à des papiers contenus dans un placard, et les religieux durent y monter, malgré la grêle de balles et d'obus, pour éteindre cet incendie qui menaçait tout l'édifice. Grâces à Dieu! ils y réussirent sans être ni tués ni blessés.

Après cet accident, ils s'établirent définitivement dans leurs caves, comme tous les habitants de Neuilly, malgré la répugnance qu'ils avaient à se priver du grand air et de la lumière du jour. Ils n'en sortaient plus que pour assister à la sainte messe, de grand matin, dans leur chapelle sans cesse menacée, ou pour aller la nuit chercher des aliments. Un d'eux faisait la cuisine sans avoir jamais appris ce métier, et souvent sans avoir pu se procurer les ingrédients nécessaires. Il faisait quelquefois la soupe *à rien*, comme on disait en riant, et le reste du repas était à l'avenant. Mais à la guerre comme à la guerre. Quand les religieux n'ont pas ce qu'ils désirent, ils savent se contenter de ce qu'ils ont. C'est une philosophie pratique qui vaut bien celle des plus célèbres utopistes.

Ils se croyaient en droit pour le moins de vivre tranquilles au fond de leurs caves : pas du tout. Les citoyens communeux, en vertu de la liberté, ou de l'égalité, ou de la fraternité, je ne sais! venaient très-souvent les tracasser. Une première visite domiciliaire avait eu lieu dès le commencement des hostilités. Vingt gardes nationaux de Belleville étaient entrés subitement, un matin, par toutes les portes et par-dessus les murs, et avaient envahi tous les corridors, pour voir s'il n'y avait pas de Versaillais cachés dans quelques chambres. L'empressement qu'on mit à leur montrer jusqu'aux moindres recoins parut les rassurer. Un d'eux, invité par le Frère qui le conduisait à visiter la chapelle, recula d'un pas devant la porte, en s'écriant avec horreur : « Ouf! je n'entre jamais là-dedans. »

Ils n'exercèrent aucune violence. Un soldat se permit seulement de tirer un coup de fusil dans le parloir, sur un tuyau de gaz, pour s'amuser. Le chef lui fit observer que ce n'était pas bien, mais d'un ton qui voulait dire en même temps que ce n'était pas très-mal.

Le soir de l'incendie, une visite nocturne des gardes de la porte eut un caractère plus hostile. Ils paraissaient persuadés que l'artilleur tué sur le rempart l'avait été par une personne de la maison, et ils menaçaient d'en fusiller tous les habitants, sans autre forme de procès. On eut beaucoup de peine à les calmer, même en leur faisant visiter tous les appartements, de la cave au grenier.

Ces visites se renouvelant presque tous les jours, et avec un caractère de plus en plus menaçant, on leur dit un jour : « Si rien ne peut vous inspirer confiance, restez chez nous et montez-y la garde. — Pas si bêtes ! répondirent-ils; les Versaillais pourraient nous y pincer. — Alors, comment voulez-vous que nous fassions ? Vous avez tout vu; vous savez que nous n'avons pas d'armes, nous ne pouvons pas vous faire de mal. — Tant pis ! si un coup de fusil part de chez vous, nous viendrons vous fusiller. » Les balles pleuvant comme grêle sur le rempart, il n'était pas possible d'échapper aux soupçons et à la brutalité de ces gens-là. L'aspect de cette grande façade, planant sur eux, leur donnait des inquiétudes continuelles; ils en viendraient évidemment bientôt à fusiller les religieux pour se délivrer de ce souci. N'eût-ce pas été, d'ailleurs, pour ces forcenés, un sensible plaisir? Le seul parti à prendre était de fuir.

Mais où aller? Le couvent des Dames anglaises, sur le boulevard Eugène, à cent pas de là, était inoccupé; la maison de l'aumônier était complétement vide. On demanda au commandant de la porte des Ternes, dans sa dernière visite, s'il ne trouverait pas bon qu'on se réfugiât dans cette habitation, qui était plus éloignée du rempart et surtout des batteries. Il répondit affirmativement et conseilla de partir sans délai. Le déménagement fut résolu pour le soir même, quand la nuit aurait apaisé le combat.

Pendant que le R. P. Champeau allait s'entendre avec le concierge, les autres religieux reçurent un message du R. P. Lecointe, retiré à l'asile des *Jeunes Incurables;* il les avertissait que le feu devait être mis au collége pendant la nuit, et que leur vie n'était plus en sûreté. Le soir, un sous-officier de la garde nationale confirma la nouvelle en disant à un ami qu'on lancerait des bombes à pétrole du rempart, vers une ou deux heures du matin. Les pauvres religieux, vivement affligés, quittèrent donc leur chère demeure avec la crainte de ne plus la revoir, mais en priant Dieu de détourner l'orage. Notre-Dame des Sept-Douleurs et saint Joseph, patrons spéciaux de la communauté, furent invoqués avec ferveur.

Il ne fut pas possible de mettre le mobilier en lieu sûr, pas même les choses les plus précieuses; car le temps pressait, la nuit était venue, et l'on se fût exposé à la mort en parcourant les chambres avec une lumière. Chacun emporta ses objets les plus nécessaires au couvent des Dames anglaises, en faisant un acte de résignation à la volonté de Dieu.

On se coucha fort tard, à cause des arrangements qu'il fallut faire dans ce nouveau local, fourni par la Providence. Le lendemain matin, les premiers éveillés coururent aux fenêtres pour voir si le collége était encore debout. Quelle joie! rien n'était détruit; le feu n'avait pas été mis. Le grand Maître des cœurs, qui change leurs dispositions comme il lui plaît, avait modifié les desseins de ces méchants; ils étaient venus, pendant la nuit, constater la disparition des religieux, et cette satisfaction leur avait suffi. Ils s'étaient bornés à faire quelques menaces au jeune gardien, qui avait consenti à rester seul.

Les fugitifs se croyaient en sûreté dans cet asile écarté, surtout avec la parole du commandant de la porte. Grâce à leur déguisement, c'est-à-dire à leur habillement laïque et à leur barbe, quelques-uns purent même retourner à la maison et placer dans les caves des objets qui étaient trop exposés aux bombes dans les étages supérieurs. Un d'eux, qui paraissait le plus âgé, revenant de chez le boulanger avec plusieurs pains dans un sac sur son dos et marchant péniblement, fit pitié à quelques communeux qui le virent passer : « Voyez donc ce pauvre vieux avec sa charge ! » dit le plus compatissant. S'il avait su que c'était un Frère, il l'aurait peut-être fusillé, tant les idées de ces malheureux étaient perverties !

Un caprice ou un soupçon les rendait féroces. Certain jour, un bataillon se mit à tirer force coups de fusil dans les fenêtres d'une maison voisine qui était inhabitée. Quelqu'un avait cru voir des Versaillais dans l'intérieur. Pendant qu'ils étaient occupés à cette besogne et qu'ils tiraient avec un incroyable acharnement, un chef à cheval et en bonnet rouge vint à passer. A la vue de tant de sottise, il se mit en fureur et leur jeta les épithètes les plus grossières, en les accompagnant de jurons que nous ne pouvons répéter : « Imbéciles ! leur cria-t-il, les ennemis sont à un quart de lieue d'ici, vous voyez vos frères qui les combattent là-bas, et vous tirez sur une maison vide ! Animaux, est-ce ainsi que vous usez vos munitions ? » C'était le langage ordinaire des chefs et des soldats. Après ces compliments, ils se retirèrent sans rien dire.

Il ne pouvait y avoir de sécurité pour personne avec de pareilles gens, surtout pour des religieux. Ceux-ci attendaient donc, avec une vive impatience, l'armistice qui était sollicité depuis longtemps, pour donner aux malheureux habitants de Neuilly la possibilité de rentrer dans Paris ; ils espéraient bien en profiter pour s'évader. Mais la Providence en avait disposé autrement pour eux, car il ne devait avoir lieu que le surlendemain de l'événement que nous allons raconter.

Le dimanche, 23 avril, les religieux venaient d'assister à la messe du P. Champeau, dans la chapelle du couvent, et terminaient un frugal déjeuner, au fond de la cave, quand la maison fut cernée tout à coup par un bataillon du boulevard Bineau : ils avaient été dénoncés, paraît-il. On entendit un grand mouvement aux alentours, puis la voix du commandant qui donnait la consigne à ses soldats : « Si vous voyez quelqu'un passer par-dessus les murs, abattez-le. » Aussitôt les portes sont ouvertes ou enfoncées, et des hommes armés pénètrent partout, en criant avec fureur : « Sortez, sortez tous. »

La fuite était impossible. Au reste, les pauvres religieux n'y pensaient pas. Ils ne se sentaient coupables d'aucun crime et ne voyaient pas ce qu'on pouvait leur reprocher. Ils ignoraient comment on traitait le clergé dans Paris. A mesure qu'ils sortaient de la cave ou des chambres, ils étaient entourés par les gardes nationaux, qui les considéraient avec une curiosité grossière, et leur demandaient à l'envi s'ils avaient des armes. Sur leur réponse négative, ils se calmèrent, mais en ajoutant qu'on allait faire une perquisition et que, si on en trouvait, on les fusillerait sur place. Un soldat criait à ses camarades de dehors : « Ils sont six, six jésuites; approchez, n'ayez pas peur, ils ne sont pas malins. »

Quelques-uns néanmoins des plus sanguinaires proposaient, nous a-t-on dit, de les fusiller tout de suite pour se débarrasser d'eux. Mais le commandant les fit conduire dans un parloir du couvent et envoya prendre les ordres de l'état-major. Pendant près de quatre heures, ils furent entourés par ces hommes brutaux, quelques-uns à moitié ivres, et durent subir leurs questions indiscrètes, et leurs propos de cabaret; mais aucune violence ne leur fut faite. Au contraire, plusieurs gardes leur dirent de n'avoir pas peur, et qu'on ne leur ferait aucun mal, si on ne trouvait pas d'armes dans la maison. La conversation devint même très-familière avec quelques-uns; d'autres conservaient un air sauvage et inquiet. Il y avait là des pères de famille et des jeunes gens qui étaient très-ennuyés de la guerre; ils ne cachaient pas qu'ils se battaient malgré eux et cherchaient à déserter. Un d'entre eux, qui n'avait pas vu sa femme et ses enfants depuis longtemps, se réjouissait d'avoir des prisonniers à conduire en ville, parce qu'il espérait bien s'esquiver et ne plus revenir hors des murs. Mais il fut déçu dans son attente, car il n'accompagna pas les captifs.

Cette arrestation avait fait grand bruit et

attiré un grand concours de gardes communeux, paraît-il. Car le Mont-Valérien et le château de Bécon remarquèrent le mouvement qui se faisait sur le boulevard Eugène et dans les cours du monastère; ils se mirent à lancer un si grand nombre d'obus sur ce terrain, qu'on ne pouvait plus y rester sans péril. Les prisonniers et leurs gardes couraient le plus grand danger; mais ceux-ci ne faisaient qu'en rire et en plaisanter, quoiqu'un d'entre eux eût eu la tête fracassée sous leurs yeux. Enfin, arriva un chef de l'état-major, tout couvert d'oripeaux, qui donna l'ordre de conduire les six religieux dans Paris, sans s'expliquer autrement, et remit une lettre fermée au sous-officier qui devait présider à cette opération. Les captifs ne savaient pas où on les menait et s'imaginaient qu'on ne tarderait pas à leur rendre a liberté. Il était plus d'une heure après-midi; la faim et la fatigue se faisaient déjà sentir.

Lorsqu'ils partaient, les soldats qui s'étaient emparés de leurs provisions se les partagèrent sous leurs yeux, en ricanant et en leur disant : « Bon appétit, et à votre santé ! »

Quand le cortége passa devant le poste de la place Bineau, avant d'arriver à la porte, une cantinière se mit à vomir un torrent d'injures contre les victimes. Vainement, les soldats, plus humains, voulaient lui imposer silence; elle vociféra de toutes ses forces tant que sa voix criarde put se faire entendre.

En revanche, les deux gardes qui entrèrent dans Paris avec les prisonniers devinrent très-polis, quand ils ne furent plus sous les yeux de leurs camarades. Craignant d'exciter du bruit dans la rue, ils arrêtèrent deux fiacres pour traverser la ville. Mais les conducteurs, qui s'attendaient à n'être payés que par un bon sur le Trésor, refusèrent énergiquement leurs voitures et répondirent avec colère aux menaces des gardes nationaux, qu'ils se f...aient d'eux. Il était facile de comprendre par là que la Commune n'avait pas encore gagné la confiance des cochers de fiacre.

Il fallut donc aller plus loin. On réussit mieux en montrant des pièces d'argent. Deux autres fiacres conduisirent le triste cortége à l'ex-préfecture de police. Là, les prisonniers durent faire plusieurs stations fort longues devant la porte de divers bureaux, sans savoir quelle en serait la fin. Car ils ne voyaient aucun homme d'autorité et n'avaient affaire qu'à des subalternes peu courtois. Dans ce palais de brigands, où le crime commandait et où la vertu était victime, l'oreille était surtout frappée des mauvais propos, des blasphèmes et des impiétés, qui étaient proférés. On y faisait profession ouverte d'athéisme.

Là, c'était un jeune garde national qui pérorait sur la divinité, devant de vieux troupiers de Belleville, rangés à la porte, immobiles et impassibles comme ces grossières figures en pierre, qui sont sculptées à l'entrée de nos basiliques. Le jeune orateur leur disait : « Il n'y a point d'autre Dieu que le soleil; c'est le seul que j'adore. N'est-ce pas lui qui donne la lumière aux hommes et la chaleur aux plantes? Voilà le vrai Dieu de la nature. Les autres sont des inventions des prêtres. » Les vieux barbus ne comprenaient pas la moitié de ce qu'il disait; mais ils trouvaient qu'il parlait bien, et leurs yeux semblaient dire fièrement aux voisins: « C'est la Commune qui fait des orateurs de cette force-là! »

Ici c'était un personnage beaucoup plus

élevé et ceint d'une brillante écharpe, qui s'approchait du groupe captif, au moment où le jeune sous-officier du poste Bineau lui faisait ses adieux, devant la porte intérieure de la conciergerie : « Messieurs, disait celui-ci à demi-voix, excusez-moi; j'aurais bien désiré vous mettre en liberté... Je regrette bien sincèrement... » A ce mot, le personnage ceint de l'écharpe s'élance avec fureur : « Comment! Que dites-vous?... Vous regrettez d'avoir amené des ennemis de la Commune?... — Citoyen, reprit très-adroitement le jeune Parisien, je disais qu'il est bien regrettable de voir des Français se faire la guerre entre eux. — A la bonne heure! » Alors, passant dédaigneusement devant les religieux assis sur un banc, il les regardait du coin de l'œil et fronçait le sourcil. Sa démarche était exactement celle du dindon qui se rengorge et qui se dispose à faire entendre sa belle voix; il avait les mains derrière le dos et se frappait continuellement les jarrets avec une petite canne jaune : « On voit sur vos figures, dit-il avec une emphase semi-poétique, les caractères manifestes de l'hypocrisie et du jésuitisme. Vous prêchez l'existence d'un Dieu juste. Oh! s'il y en avait un, souffrirait-il que Versailles fît la guerre à la Commune, qui veut le bonheur du genre humain, par la régénération sociale, etc.? » La phrase était longue et le ton difficile à soutenir sur ce rhythme. Il en descendit presque aussitôt, en demandant prosaïquement : « Pourquoi avez-vous quitté votre habit? » Le P. Champeau lui répondit sans se lever : « Parce qu'il nous attirait des injures et de mauvais traitements. » Puis s'adressant au F. Grégoire : « Et vous, avec vos moustaches, n'êtes-vous pas un sergent de ville déguisé? » Le Frère lui répondit qu'il avait dû prendre ce costume, avec un autre confrère, pour entrer dans une ambulance de Paris, et qu'ils y avaient soigné les blessés pendant les six mois du siége. Le petit personnage, s'adoucissant peu à peu, finit par accepter une prise de tabac. Ensuite, reprenant son air majestueux et sa démarche de grand seigneur, il rentra gravement dans les corridors du palais, en continuant de se frapper les mollets avec sa petite badine jaune. Ce petit coq de la Commune pouvait avoir une vingtaine d'années. Un vieux gardien, qui avait écouté l'accusation et les explications, par derrière, s'en alla en grommelant : « C'est encore une affaire de rien. » En d'autres temps, il eût dit vrai; mais, sous la Commune, il se trompait, comme on va le voir; car le puissant gamin, qui venait de disparaître, avait donné des ordres. Les religieux furent fouillés, menés à l'écrou, puis emprisonnés chacun dans une cellule. On leur donna un morceau de pain noir, pour réparer les fatigues de la journée et passer la soirée. Il était environ quatre heures après-midi.

Ces bons religieux, qui sortaient des caves de Neuilly et qui ne savaient plus guère comment le monde marchait depuis un mois, s'imaginaient que la justice avait toujours son cours à Paris, et que, par conséquent, on les interrogerait le soir ou le matin, puis qu'on leur rendrait la liberté, peut-être même en leur faisant des excuses de les en avoir privés par un malentendu, car ils n'avaient rien à se reprocher, pas même envers la Commune. Mais, le lendemain, quand ils eurent appris de quelques autres détenus, pendant une courte sortie au grand air, que la plupart étaient là depuis des jours et des semaines, sans trop savoir pourquoi, ou même sans avoir été interrogés, ils commencèrent à comprendre que leur séjour pourrait être prolongé, à titre d'otages. Il n'était que trop vrai : vainement ils écrivirent aux juges d'instruction pour être entendus et jugés. On ne leur répondit point, et ceux qui furent appelés plus tard, ne le furent que pour la forme. On leur fit subir un interrogatoire ridicule, qui n'eut jamais de résultat. Ils y apprirent seulement qu'ils étaient accusés d'avoir tiré sur les soldats de la Commune par les soupiraux de leur cave. Or, ils n'avaient pas d'armes, et les soupiraux donnaient à fleur de terre, dans une cour enclose de murs. Le délit était donc matériellement impossible.

La plupart de nos lecteurs ne savent pas comment est disposée une cellule de prisonnier à la Conciergerie et quel régime on y subit ; nous allons le leur apprendre. Qu'ils se figurent une petite chambrette de quatre mètres de long sur deux de large environ, parquetée, plafonnée, assez proprette, mais éclairée seulement par deux petites fenêtres très-élevées et solidement grillées. Elle contient un lit de fer, portant une paillasse et un matelas très-dur, avec deux couvertures, sans draps (on ne donne pas de linge, pas même une serviette pour s'essuyer la figure et les mains), une petite table fixée dans le mur, dessous un siége en bois, retenu par une grosse chaîne, et dessus une timbale en fer blanc, une écuelle et un pot de terre, avec une palette de bois, qui tient lieu de cuiller, de fourchette et de couteau ; une balayette en crin, pour tenir le ménage propre, et une autre petite en balai, pour l'ignoble trou qui conduit aux égouts et qui mérite bien d'être mentionné, non-seulement parce qu'il est nécessaire, mais encore parce qu'il empeste la cellule, malgré son gros couvercle de bois. Laissons cela, et parlons du régime ; il est aussi simple que le mobilier.

De bonne heure, le matin, on vous apporte un bidon d'eau fraîche et un pain noir. C'est pour votre journée. A neuf heures, on vous passe par le guichet une écuelle de fer blanc, au fond de laquelle il y a un bouillon indéfinissable, qui ressemble à de la lavure de vaisselle. Vous en faites de la soupe avec votre pain, si cela vous est agréable. Voilà pour la matinée.

Vers trois heures, la même écuelle vous revient, et vous trouvez au fond une purée de pois ou de lentilles, pour vous aider à manger votre pain. C'est tout pour la soirée. Le dimanche et le jeudi, on vous met à la place une tranche de viande, saupoudrée de quatre à cinq grains de gros sel ; ce sont des jours de gala. Avec vos doigts et vos dents, vous tirez le meilleur parti possible du morceau. On compte sur le pain noir et sur le bidon d'eau fraîche pour que vous ne mourriez pas de faim.

Il faut dire néanmoins, pour être juste, même envers la prison, qu'une marchande ou cantine est autorisée à passer devant les cellules vers le temps du repas et à vous vendre, si vous avez de l'argent, un peu de vin et de chocolat en bâton; c'est une ressource précieuse pour beaucoup d'estomacs délicats. La Commune avait voulu supprimer cet adoucissement; mais elle fut forcée de revenir sur sa cruelle décision.

A part cette pénitence forcée, qui peut être très-avantageuse aux âmes de bonne volonté, vous jouissez de la liberté la plus complète dans votre domicile, pourvu toutefois que vous n'y fassiez pas trop de bruit et que vous ne brisiez rien. On s'y lève quand on veut, et on se couche quand on veut; le sommeil y est léger, quand le dos s'est fait une fois au dur matelas et que les premières courbatures sont passées. On marche et on s'assied quand on veut. On peut y pleurer tant que l'on veut et même y chanter doucement; on y entendait quelquefois fredonner le *Dies iræ*, le *Miserere*, le *Credo*, des cantiques et des chansons, mais le plus souvent sur le mode langoureux. On s'y recueille et on y médite sans peine, ou bien on s'y ennuie à mourir, suivant son goût. La prière est facile et comme naturelle, avec une disposition notable à la ferveur; tant il est vrai que l'adversité et la solitude rapprochent l'âme de Dieu. « Il y a vraiment du bon dans la prison cellulaire, disait un détenu libéré. » Mais ceux qui voudraient en goûter les avantages, pourraient les trouver en certains monastères, sans avoir à y redouter les inconvénients de la prison.

Tous les jours, une courte promenade est accordée aux détenus, par petits groupes; ils en ont besoin. Quoiqu'elle se passe dans un étroit couloir, entre quatre grands murs qui ne laissent voir que le ciel et les combles de la maison, elle fait néanmoins un grand bien à l'esprit et au corps. La présence de six à dix compagnons, avec qui l'on peut s'entretenir, récrée et dissipe les humeurs noires. Qu'on y sent bien que l'homme est fait pour la société! A Mazas et à la Santé, le régime est plus dur, puisque les prisonniers s'y promènent seuls et n'y voient d'autre figure que celle de leur gardien.

Les employés de la Conciergerie, qui étaient en rapport immédiat avec les détenus, et qui avaient conservé leurs pénibles fonctions, ne ressemblaient pas à leurs chefs; ils étaient en général de braves gens, quoique sous des formes rudes et brusques. Quelques-uns montraient du cœur et savaient très-bien distinguer les victimes de la Commune des voleurs et des assassins; ils disaient en souriant qu'ils ne voyaient plus leur ancienne clientèle, et qu'il n'était pas entré dix coquins à la Conciergerie depuis deux mois. Or, ils avaient vu des centaines de prisonniers. Les Religieux de Sainte-Croix se sont loués particulièrement des bons procédés du gardien en chef Dubois, qui avait le courage de se montrer humain et obligeant envers eux, alors que c'était un crime aux yeux des démagogues. Nous lui rendons avec plaisir ce témoignage public.

Les anciens fonctionnaires sentaient parfaitement l'iniquité de ces arrestations arbitraires, et ne pouvaient s'empêcher quelquefois d'en manifester leur indignation. Un jour, deux inspecteurs passaient de cellule en cellule et demandaient aux détenus leur nom, leur âge, l'époque et le motif de leur arrestation, comme si les registres de la prison eussent été insuffisants pour les renseigner. Un des Religieux ayant répondu qu'il ignorait la cause de son arrestation, celui qui tenait la feuille imprimée montra à son collègue presque toute une colonne en blanc et lui dit en haussant les épaules : « Peut-on incarcérer tant de gens sans leur dire pourquoi? » Il aurait pu ajouter : « Et sans le savoir soi-même? » On recevait à la prison tous ceux que des gardes nationaux y amenaient sous un prétexte quelconque, et on faisait arrêter tous ceux qui étaient dénoncés comme suspects par n'importe quelle personne ; et, quand ils étaient enfermés, on ne s'occupait plus d'eux, sinon pour satisfaire aux vives réclamations de quelques parents et amis, ou pour se délivrer de leurs propres importunités.

Pendant que les religieux étaient en prison, sans savoir pourquoi et sans pouvoir obtenir de juges, les communeux s'emparèrent de leur maison et s'y établirent comme dans une caserne. Il y avait là deux compagnies avec leurs officiers. Le commandant occupait la chambre du supérieur, avec les capitaines et quelques autres chefs, en tout quatorze; or, elle n'est pas grande. Le reste de la maison était garni de la même manière.

Il est difficile de se faire une idée de ce personnel, quand on ne l'a pas vu ou qu'on n'a pas appris à le connaître par des témoins oculaires. Tous les hommes qui conservaient un peu d'honnêteté avaient trouvé le moyen de déserter. Il ne restait que des vauriens, des repris de justice ou des gens qui méritaient de l'être. Leur langage était celui du Père Duchêne, depuis le dernier soldat jusqu'aux capitaines, c'est-à-dire qu'il était ignoble et inintelligible pour les personnes bien élevées. Les mœurs, comme on le devine bien, ressemblaient au langage : l'ivrognerie, le libertinage, le vol et tous les vices s'étalaient sans honte.

Le lecteur nous permettra de lui citer quelques faits et quelques scènes pour exemples; en déguisant néanmoins les traits par trop grossiers. Le gardien de la maison, se voyant dans l'impossibilité de lutter contre de pareilles bandes, dit aux chefs, à la cantinière et aux petites puissances, qu'il mettrait à leur service tout le matériel de l'établissement, pourvu qu'ils voulussent bien ne pas l'endommager et lui rendre tout ce qu'il leur prêterait. Il gagna, par cette complaisance, les bonnes grâces du commandant, qui lui dit un jour, tout haut, en se promenant avec ses officiers : « Je vous donnerai une bonne note, jeune homme; mais ne soyez pas trop complaisant envers ces cochons-là (il parlait de ses soldats). Prêtez-leur le moins possible de vos affaires, car ils vous en voleront le plus qu'ils pourront. Ces animaux-là sont tous voleurs. Dernièrement j'avais acheté une paire de bottes, qui me coûtait très-cher. Une nuit, que j'étais un peu plus soûl qu'à l'ordinaire, mon brosseur en a profité pour les emporter, et je ne l'ai jamais revu. »

Les officiers volaient tout aussi bien que leurs soldats. Un d'eux était occupé à mettre dans son sac une jolie petite balance de l'infirmerie, quand le concierge entra et lui dit : « Que voulez-vous faire de cette balance ? — C'est un joujou que j'emporte à mes enfants. — A vos enfants? mais ce n'est pas un joujou, c'est une balance qui fait partie de la pharmacie. — Peut-être, mais c'est bon pour amuser mes enfants; il vaut autant que je l'emporte qu'un autre camarade. » Et il l'emporta.

Tout ce qui pouvait entrer dans un sac de militaire était susceptible d'y être mis et de disparaître : petits objets d'art, reliquaires, linge, habits, jusqu'à des soutanes et des surplis. La surveillance du gardien ne pouvait s'étendre à tout, au milieu de cette foule sans pudeur, qui ne savait pas même rougir quand elle était prise en flagrant délit.

Le vol néanmoins était passible de peines disciplinaires, si on en juge par l'autographe suivant laissé sur la table du commandant à Sainte-Croix.

259ᵉ bataillon.

Cytoyen colonel,

Sur le rapport que je vous adresse, un vole a été commis au collége Sainte-Croix d'un ostensoir, valeur 800 francs.

D'après la fouille, je n'ai rien retrouvé que dans le sac d'un homme (Férand) : 2 draps, 2 tai d'oreilliers et un livre latin.

Donc, après ces vols trop souvent commis, je demande 6 jours de prison pour le cytoyen Férand, 3ᵉ compagnie.

Agréez, colonel, mon très-humble respect.

Votre très-obligé serviteur,

Capitaine VALDENAIRE.

Il ne faut pas croire que les chefs fussent des hommes bien élevés; la plupart étaient de la même espèce que leurs soldats, et ne différaient d'eux que par les galons dont ils s'étaient affublés. Le capitaine X... était couché sur un matelas, la tête appuyée sur le prie-Dieu du supérieur, quand le concierge lui amena ses trois enfants, deux petits garçons et une petite fille, qui voulaient lui parler. « Capitaine X..., dit celui-ci, en ouvrant la porte, voulez-vous recevoir une visite? » — « F...tre! reprit-il en se redressant, qui vous a dit mon nom? » — « Votre nom, est-ce un mystère? »

Il faut dire ici, pour éclairer le lecteur, que tous les officiers et la plupart des soldats avaient pris de faux noms, et cachaient soigneusement le véritable; quelques-uns en avaient jusqu'à trois. Voilà ce qui explique la surprise et le mécontentement du capitaine, en s'entendant interpeller par son nom de famille. Le concierge, qui lui faisait complaisamment sa chambre, avait son franc-parler avec lui : « Capitaine, ce sont vos enfants qui viennent pour vous voir. » — « Comment! qu'est-ce qui les envoie, ces petits coch...-là? »

Que le lecteur nous pardonne ; de pareilles expressions peignent les hommes.

« Qu'est-ce que vous venez f.... ici, petits mâtins? » — « Papa, c'est maman qui nous a dit de venir, parce qu'elle n'a pas d'argent. Le conseil de famille a cessé de nous payer. »

Le conseil de famille dont ils parlaient était une sorte de comité formé dans chaque compagnie pour subvenir aux besoins des femmes et des enfants, pendant que le père combattait pour la Commune.

Quand les marmots eurent bien exposé leur situation critique, le capitaine répondit brutalement : « Allez dire à votre mère que je lui porterai de l'argent quand je retournerai à la maison. F..tez-moi le camp. » Et il se coucha tout de son long. Mais les gamins avaient été trop bien stylés par leur digne mère pour lâcher prise si facilement; ils se lamentaient et ne partaient point. Pour se débarrasser d'eux, le père finit par dire au concierge : « Prenez quinze francs dans le tiroir, et donnez-leur ça; qu'ils me f..tent la paix. » Comme ils allaient partir, le concierge ajouta : « Vous n'allez pas embrasser vos enfants avant de les renvoyer ? » — « Ah! ça me scie le dos, dit-il en se tournant d'un autre côté; si on voulait s'occuper de tout cela, on y perdrait la boussole. » — « Allons, mes enfants, reprit l'autre, embrassez votre papa. » Il les poussa sur le lit, et le père se laissa faire ; il dit même au concierge : « Faites-leur donner deux portions. » Mais, quand ce fut fini, il leur répéta d'un ton sévère : « F..tez-moi le camp, petits c..., et ne ref...ez jamais les pieds ici. » Quelle éducation !

La cantinière, les voyant venir, leur dit: « Tiens! votre père prétendait qu'il n'était pas marié. Quel f.... menteur! Il est malade d'une indigestion de vin, votre papa. » Elle ajouta, en regardant le concierge : « Ah! tout cela, c'est de la clique à chien! »

Elle lui apprit, en voyant passer le principal aide-de-camp de Dombrowski, que c'était un garçon cordonnier, dont tout le mérite consistait dans son audace et sa grande barbe. Il était extrêmement orgueilleux et insolent; les soldats ne l'aimaient pas. Un jour qu'il se pavanait sous ses galons, elle dit tout haut : « Voyez donc comme il prend des airs, cet animal-là ! Comme il se démène ! C'est pourtant de la clique à payer 6 francs de loyer par mois. N'ayez pas peur de ce muffle-là, je le connais ; c'est rien du tout. »

Cette cantinière était une grande fille de dix-sept ans, un peu moins coquine et moins voleuse que les autres du voisinage. Elle rendait le linge que le concierge lui prêtait, et souvent elle lui donnait des conseils utiles, par rapport à la canaille dont il était environné. Un jour, il la consulta pour savoir s'il devait donner des serviettes à des officiers qui en demandaient : « Des serviettes à ces animaux-là ! se récria-t-elle. Ils n'en ont jamais eu de leur vie. Ce sont des gens qui se mouchent avec les doigts. Envoyez-les donc paître. »

Pour vous donner une idée de la délicatesse de ceux-là mêmes qui avaient été les mieux élevés, je citerai un dernier trait. Deux communeux, dont l'un était gentilhomme et l'autre lettré, étaient venus avec des pouvoirs pour réquisitionner du vin. « Vous devez en avoir, dit le premier au concierge, car dans vos maisons on n'en manque pas. — Monsieur, il n'y en a plus. — Alors vous l'avez caché. — Non, monsieur, il a été bu. — Diable! cela me surprend; car je connais la maison, c'est un collége; mes fils y ont été élevés. Me reconnaissez-vous? — Non, monsieur. — Je suis un tel. Mon aide, que voici, n'est pas non plus un étranger. » Celui-ci se mit à rire et demanda où était le P. Champeau. Sur la réponse qu'il était en prison avec les otages, il partit d'un grand éclat de rire. C'était un homme à qui le Père avait fait du bien.

La maison resta au pouvoir de cette canaille jusqu'au jour où les Versaillais, maîtres de la porte des Ternes, vinrent les expulser. On dit qu'un ordre avait été donné à une bande de ces misérables de mettre le feu au collége et à un établissement voisin, l'asile des Jeunes Incurables, avant de s'éloigner définitivement; mais ayant découvert une barrique de vin et un baril d'eau-de-vie dans une cave de l'asile, ils s'enivrèrent tellement qu'ils se laissèrent surprendre par l'armée victorieuse.

La Providence, qui emploie quelquefois les moyens les plus étranges pour atteindre son but, s'est servie de la présence des Communeux dans la maison de Sainte-Croix, pour la préserver de la canonnade dans les derniers jours, où elle devait être le plus violente. Sitôt que les artilleurs des remparts la surent occupée par leurs camarades, ils ne lancèrent plus aucun projectile dessus; et les officiers qui l'habitaient, voulant se servir du mobilier jusqu'à la fin, ne laissèrent pas la liberté à leurs soldats d'y exercer les mêmes ravages qu'ailleurs.

Pour s'en dédommager, les artilleurs de la porte des Ternes s'amusèrent à pointer leurs canons sur la vierge de bronze qui dominait l'établissement. Ils visaient à la tête, et faisaient des gageures. Elle ne tomba qu'au 71e coup. Le 70e avait emporté une épaule. Alors ils furent contents et s'arrêtèrent. On dit qu'ils avaient permis aux curieux de tirer un coup, à leur gré, moyennant une gratification de 25 centimes, au profit des buveurs. Voilà comment ils ménageaient les finances de la Commune.

Chose étonnante! il y a deux grandes statues, de la sainte Vierge et de saint Joseph, aux extrémités d'une allée assez large, qui est devant la maison du concierge. Tous les jours ils passaient là, s'y arrêtaient et y faisaient l'exercice. Or, la pensée ne leur est pas venue de les briser. Elles sont demeurées intactes. On voit seulement un éclat d'obus sous les pieds de la Vierge, qui n'en a pas été ébranlée.

Pendant que ces derniers événements se passaient, les religieux échappaient aussi aux plus grands dangers. Le supérieur et un Frère étaient sortis de la Conciergerie par des influences personnelles. Mais les quatre autres avaient été transférés à Mazas et à la Santé, pour y subir le sort des otages. Ils ne furent délivrés que par l'arrivée des troupes de Versailles, au moment même où les communeux se préparaient à les fusiller, comme l'archevêque et les autres victimes.

Quelques jours après, ils purent rentrer dans leur chère communauté de Neuilly; mais ils la trouvèrent si dévastée, que les larmes leur échappaient des yeux. Elle était criblée d'obus, l'intérieur était rempli de décombres. La toiture et plusieurs plafonds étaient effondrés, les cloisons percées et rompues, les portes et les meubles broyés, et tout le reste à l'avenant. Toutefois, les parties essentielles n'étaient ni détruites, ni ébranlées. Les religieux ne se découragèrent point. Ils adorèrent la main de Dieu qui frappe et qui vivifie, et ils le remercièrent de les avoir traités moins rigoureusement que tant d'autres, quand tout le monde s'attendait à la ruine complète de la maison, à cause de sa position exceptionnelle. Au moment où nous écrivons, tous les dommages sont réparés et les élèves rentrent avec bonheur sous la direction de leurs anciens maîtres, que tant d'épreuves leur ont rendus plus chers.

COUVENT DES DAMES ANGLAISES.

Le couvent des Dames Augustines anglaises, dont nous venons de parler, est la plus belle construction du boulevard Eugène, au coin de la rue de la Mairie ([1]). Les Religieuses avaient dû le quitter avant l'arrivée des Prussiens, et n'y étaient pas rentrées à l'époque de la Commune. L'établissement n'était gardé que par un concierge et sa femme; mais il n'en avait pas moins été préservé de tout dommage pendant le premier siége.

Au fond d'un vaste jardin, est une jolie habitation qui en dépend, et qui a sa sortie

---

([1]) Ces dames ont un pensionnat florissant, qu'elles y ont transporté de la rue des Fossés-Saint-Victor, et qui continue à recevoir, non-seulement des jeunes filles françaises, mais encore des Anglaises catholiques, des Espagnoles et autres des meilleures familles de diverses nations.

sur la place Bineau. Cette partie fut occupée la première par les communeux; ils y établirent un poste et la dévastèrent, suivant leur habitude. De là, ils pénétraient dans l'enclos et y prenaient les légumes dont ils avaient besoin, sous les yeux du jardinier et du concierge, qui ne pouvaient l'empêcher, car les susdits citoyens, étant au service de la République, avaient le droit de vivre aux dépens de la nation. Or, cette communauté était une propriété nationale, selon eux, depuis que le comité central avait décrété la confiscation de tous les biens des Religieux et Religieuses.

Ils firent plusieurs fois des perquisitions dans l'établissement, sous prétexte d'y chercher des ennemis et des armes. Une première bande ne fut pas trop féroce. Elle se contenta de parcourir les longs corridors et d'admirer l'édifice, sous la conduite du concierge.

Ils disaient : « C'est tout de même une belle maison ! Mais, qu'en ferons-nous ? car elle est à nous, ajoutaient-ils en regardant le concierge, et vous n'y resterez pas longtemps. Ne croyez pas que vos religieuses y reviennent, vous ne les reverrez jamais. Nous ferons de cela une caserne, ou bien nous la vendrons. » Chacun faisait là-dessus ses réflexions ; ils paraissaient tous très-embarrassés de l'emploi de leur propriété, et pas un seul ne semblait avoir conscience du vol qu'ils approuvaient, tant les notions de l'honnêteté ont été affaiblies ou même renversées chez le peuple par les écrivains socialistes !

D'autres bandes, plus ou moins ivres, montrèrent plus de brutalité. Une nuit, elles enfoncèrent les portes, en faisant un tapage si horrible, que la femme du concierge s'enfuit à peine vêtue, avec son enfant, jusque dans la chapelle, pendant que son mari allait appeler à son secours quelques-uns des Religieux de Sainte-Croix, déjà logés dans une autre partie de la maison. Malgré tout ce tapage, il n'y eut d'autres victimes, cette fois, que les poules et les canards de la basse-cour, dont il ne resta plus un seul.

Ce furent ces mêmes hommes qui revinrent, quelques jours après, arrêter les Religieux dans la cave de l'aumônier. Ils avaient ordre, en même temps, d'enlever le concierge et sa femme, dont la présence les gênait, car on voulait s'emparer de la maison, la piller et s'y établir à l'aise.

Le concierge, qui leur avait souvent résisté, et qui redoutait particulièrement leur colère, comprit son propre danger quand il vit l'arrestation de ses hôtes, et s'enfuit prudemment, avec son petit garçon, qu'il tenait par la main. Il trouva moyen de s'esquiver par la cour de derrière et par une porte du jardin.

Le jardinier, qui était là par hasard, mais qui ne logeait pas dans la maison, s'y voyant tout à coup enfermé, et craignant d'être compromis, criait à toutes forces : « Je n'en suis pas, je ne suis pas d'ici. » La porte résistant à sa main, il en brisa un panneau en disant: « Je ne veux pas mourir ici; j'ai une femme et cinq enfants. » Il avait raison de se conserver pour eux.

Le vrai concierge, qui était en fuite et qui ne savait trop que faire, entra chez un barbier du voisinage, pour se donner le temps de la réfléxion, et le pria de lui faire la barbe. L'opération n'était pas finie, que deux officiers communeux arrivent avec leurs armes et s'asseyent en disant : « Nous tenons les six moines, mais le concierge nous a échappé, le gredin! Nous étions là cinquante pour le prendre, et il nous a filé sous le nez. Mais nous le rattraperons bien. » Le pauvre homme n'avait plus une goutte de sang dans la figure : heureusement le savon dissimulait sa physionomie. Il fit bonne contenance et ne dit mot. Sa plus grande crainte était que son petit garçon ne vînt à se mêler de la conversation, qui roulait sur le couvent et sur la capture des religieux. Les minutes lui semblaient des heures. Quand ce fut fini, quelqu'un lui dit : « Donnez donc un coup de peigne à vos cheveux. » — « Ce n'est pas nécessaire, » répondit-il. Déjà il avait payé, et il entraînait son fils hors de la boutique.

Pendant ce temps-là, le commandant, qui était très-mécontent de n'avoir trouvé que la femme, la prit à partie : « Où est votre mari ? — Monsieur, il est sorti avec notre petit garçon, qui avait peur. — Où est-il allé ? — Je n'en sais rien. — Etes-vous bien sa femme ?

— Oui, Monsieur. — Vous m'avez l'air d'une religieuse déguisée. — Hélas! je l'ai bien désiré, d'être religieuse; mais ces Dames n'ont pas voulu de moi, parce que je suis Française. — Vous êtes Française? — Oui, Monsieur; mais j'aurais bien honte de l'être en voyant ce qui se passe. — Pourquoi avez-vous reçu ces hommes-là dans votre maison? — Ces pauvres messieurs ne pouvaient plus rester chez eux, n'y avait-il pas charité à les recevoir dans notre maison, qui est vide? — Vous ne connaissez pas ces gens-là. — Oh! je les connais très-bien : c'est M. le supérieur du collége de Sainte-Croix et ses professeurs.

— Je veux dire que vous ignorez combien ces gens-là sont hypocrites et vauriens; ce sont des hommes capables de tout. — Ce n'est pas vrai, Monsieur, ils ne sont capables que de bien faire. » L'officier s'en alla, en proférant des menaces.

Le soir, elle apprit que son mari, la barbe fraîche comme au jour de ses noces, l'attendait dans une cave du voisinage avec son fils. Elle l'y rejoignit, et y trouva des amis; mais leurs alarmes n'étaient pas finies. Pendant la nuit, tout le monde étant couché, on entend frapper à la porte. « Qui est là? — Ouvrez. — Qui êtes-vous? — Ouvrez, crie-t-on avec fureur. » C'étaient des soldats qui venaient faire une perquisition. On se lève avec précipitation. Le concierge s'enroule dans ses couvertures et se couche à plat ventre sous deux matelas, sans souffler. Les gardes fouillent partout, remuent les lits, soulèvent un des matelas, et ne trouvent personne; ils s'en vont déconcertés. La perquisition n'avait pas duré longtemps; mais il y avait là quelqu'un qui l'avait trouvée bien longue, et qui avait bien chaud sous son matelas. Avec quel bonheur il put se redresser et respirer à pleins poumons!

Le lendemain, il apprend que le couvent n'est pas encore occupé. Il brûle du désir de voir dans quel état se trouve cette chère maison, dont la garde lui est confiée et à qui il est si dévoué. Il ose y retourner. Mais pendant qu'il entrait par une porte, des gardes nationaux entraient par une autre opposée : ils se rencontrèrent face à face. Cette fois, la fuite était impossible, il fallait payer d'audace : « Vous êtes le concierge ? lui crièrent-ils. — Oui, Messieurs. — Ah ! il y a si longtemps que nous vous cherchions ; approchez. — Que me voulez-vous ? — Que vous descendiez avec nous dans la cave, pour compter les bouteilles de vin ; car nous allons les emporter, et nous voulons vous en donner un reçu, pour que la Commune vous les paie, si elle triomphe. » Comme il hésitait, quatre hommes le prennent par les bras et les épaules, et le font descendre à la cave ; il crut qu'on allait l'y fusiller. Mais non; le chef lui dit : « Comptez les bouteilles. » Il reprend courage et compte ses bouteilles, à mesure que les soldats les montent au rez-de-chaussée. Quand il n'en resta plus, on lui demanda une voiture pour les emmener : « Voici notre voiture dans la cour, leur répondit-il, mais je n'ai plus de cheval; il a été mangé pendant le siége, avec la vache et les chiens. » C'était un autre embarras, quand tout à coup on entendit une voiture qui passait dans la rue de la Mairie. C'était la carriole d'une blanchisseuse. Les soldats se précipitent, détèlent le cheval et l'amènent à leur voiture. Pendant cette opération, qui fut pourtant bien courte, le concierge enfila un corridor et disparut comme une ombre. Cette fois, il courut se cacher dans une cave encore plus profonde, et n'en sortit que le jour de l'armistice, pour s'en aller, avec sa femme et son fils, par

Saint-Denis, dans son pays natal et y raconter ses aventures.

Pendant leur absence, les communeux s'emparèrent du couvent et s'y installèrent au nombre de quatre à cinq mille, dit-on. Si on en juge par les ordures qu'ils y laissèrent, on le croira sans peine. Cent chevaux par étage en auraient moins accumulé. Surtout, ils n'auraient pas commis les dévastations et les profanations dont ces étranges ouvriers du progrès se sont rendus coupables.

Ils commencèrent par visiter et souiller la chapelle. Ils enfoncèrent la porte en cuivre du tabernacle, brisèrent la pierre sacrée, enlevèrent le peu d'ornements qui restaient et détruisirent le grand orgue, dont ils embouchèrent les tuyaux, pendant la procession sacrilége que raconte ainsi un rédacteur de la *Gazette des Tribunaux*, témoin oculaire :

« Le 19 mai dernier, les insurgés qui se trouvaient dans cette commune, après avoir envahi la maison des religieuses des Dames-Augustines anglaises, située boulevard Eugène, dans le parc de Neuilly, l'ont mise au pillage ou à peu près. Ils se sont emparés, dans la chapelle, des objets servant au culte et se sont dirigés processionnellement sur Levallois-Perret.

» L'un d'eux marchait en tête avec une sonnette; un autre, porteur d'un bénitier et d'un goupillon, aspergeait les passants; un troisième, affublé d'un long et large morceau d'étoffe rouge, un drapeau peut-être, semblait un cardinal; il portait sur la tête un bonnet de prêtre et dans les mains une croix; les pans de son vêtement étaient soutenus par derrière par deux de ses camarades. Deux autres, de chaque côté du misérable, qui singeait ainsi les plus hauts dignitaires de l'Eglise, portaient chacun un chandelier. Enfin, l'homme revêtu de rouge avait devant lui, marchant à reculons, un abominable farceur qui l'encensait avec un bidon en guise d'encensoir.

» Le resté de la troupe, muni des livres dérobés dans l'établissement, suivait en chantant et psalmodiant des chansons obscènes. Tout ce monde s'arrêtait devant chaque marchand de vin qui se trouvait sur son passage, s'agenouillant, comme au jour de la Fête-Dieu les processions parties des églises s'arrêtent et s'agenouillent devant les reposoirs.

» Ce qui s'échangeait de paroles ignobles entre les hommes de la procession et les insurgés qui passaient ne saurait se dire.

» Le scandale parut tel à un officier de la localité, qu'il fit arrêter toute cette tourbe immonde ; mais, peu de temps après, un ordre du comité qui gouvernait Levallois-Perret fit mettre en liberté tous les acteurs de cette triste scène.

» Disons-le bien vite en finissant et comme compensation de ce douloureux spectacle, les hommes tranquilles de la localité, devant lesquels avait lieu ce honteux défilé, courbaient douloureusement la tête ; beaucoup de femmes, ou s'indignaient, ou pleuraient. »

Après leur départ, l'intérieur de la maison n'était plus supportable pour des gens honnêtes. Les murailles et les portes étaient couvertes d'inscriptions et de figures ignobles ; les parquets étaient tellement souillés, qu'il a fallu les raboter ou même les refaire en partie, car aucun lavage n'était suffisant.

Par un contraste inexplicable, ils ont laissé tout à fait intact un grand tableau du Sacré-Cœur, au-dessus du maître-autel, et quelques statues de valeur. Peut-être se proposaientils de les vendre plus tard, mais le temps leur manqua.

Ils s'enfuirent si précipitamment devant l'armée de Versailles, après la prise de Paris, qu'ils laissèrent, dans les cloîtres, des monceaux de fusils et de cartouches, avec sacs et bagages de toutes sortes; ces objets ont été rendus à l'Etat. Puissent les dépouilles du monastère, enlevées par ces voleurs, revenir de même à leurs propriétaires par des mains honnêtes! Déjà une statue de la sainte Vierge, de petits groupes en marbre blanc et quelques ornements, retrouvés dans le quartier des Invalides, ont été rendus à la communauté. Mais qu'est-ce que cela parmi tant de choses volées!

L'ASILE. — ŒUVRE DE NOTRE-DAME-DES-SEPT-DOULEURS, EN FAVEUR DES JEUNES FILLES PAUVRES, INFIRMES ET INCURABLES.

A trois cents mètres de la porte des Ternes, du côté droit de l'avenue du Roule, en descendant vers la Seine, est une maison qui porte le n° 30, avec cette inscription sur la façade : *Œuvre de Notre-Dame-des-Sept-Douleurs, en faveur des jeunes filles pauvres, infirmes et incurables.*

C'est dans cet asile, fondé en 1853, rue de Plaisance, par un vénérable prêtre, puis transféré, en 1864, à Neuilly-sur-Seine, que de pauvres jeunes filles, malades, déshéritées de la terre, sont recueillies par la charité, sous la protection de Notre-Dame-des-Sept-Douleurs et sous le patronage des Dames bienfaitrices de l'Œuvre.

En 1870, avant la guerre franco-prussienne, cet établissement comptait environ 230 jeunes filles. La guerre, en diminuant les ressources, restreignit ce nombre. Pendant l'investissement de Paris par les Prussiens, forcées d'abandonner Neuilly, les jeunes incurables se réfugièrent dans la capitale, où elles reçurent au pensionnat Notre-Dame, avenue de la Reine-Hortense, la plus cordiale hospitalité.

Après la signature des préliminaires de la paix, nos jeunes réfugiées, dont l'asile, depuis le mois de décembre, avait été transformé en ambulance militaire, revinrent à Neuilly, où elles remerciaient Dieu de la protection signalée qu'il leur avait accordée durant de longs mois de privations physiques et de souffrances morales, et ne cessaient de le prier pour les âmes généreuses qui avaient été à leur égard les instruments de sa bonté et de sa miséricorde. Les pauvres enfants, elles étaient loin de s'attendre aux nouvelles épreuves qui leur étaient réservées !

A partir du 2 avril, dimanche des Rameaux, jour où les fédérés, repoussés de Courbevoie par l'armée de Versailles, se replièrent sur Neuilly, jusqu'à la prise de Paris, c'est-à-dire pendant cinquante jours, l'Asile des Incurables se vit incessamment sous le feu croisé du rempart et de l'armée de Versailles ; c'est assez dire qu'il fut écrasé sous une grêle de balles, de bombes et d'obus. Ses vastes constructions, qui forment un carré, étaient exposées aux batteries du Mont-Valérien, du rond-point de Courbevoie, du château de Bécon, d'Asnières et de celles qu'on avait établies dans le bas de Neuilly. Eh bien ! chose merveilleuse, au milieu des projectiles qui ne cessaient de pleuvoir, aucun des nombreux habitants disséminés dans toute la maison ne fut atteint.

Après la première semaine, la prudence ne permettant plus de rester dans les étages supérieurs ni même au rez-de-chaussée, il fallut chercher un abri dans les caves. Mais, si un séjour prolongé dans cette atmosphère humide et malsaine est pénible et insalubre pour des personnes valides et bien portantes, que devait-il être pour des enfants infirmes, malades et dont l'une était mourante? Cette nouvelle situation néanmoins fut acceptée par elles avec une courageuse résignation, grâce à la noble attitude et à la maternelle direction des Filles de la Charité de Saint-Vincent-de-Paul, chargées de l'établissement.

Dès le début des hostilités, chacun, dans la maison, avait compris son devoir. Son vénérable fondateur et directeur s'était dit : « Moi aussi, j'ai un arsenal; j'ai des armes qui portent jusqu'au trône de Dieu, non pour tuer, mais pour faire descendre du ciel sur la terre la miséricorde et la paix. » En conséquence, une neuvaine de prières avait été commencée en l'honneur du Sacré-Cœur de Jésus, de la très-sainte Vierge et de saint Joseph, à qui l'on avait promis une statue si la maison était conservée. Jamais, à l'Asile, on n'avait prié sans être visiblement exaucé. Avec quelle ferveur et quelle confiance montèrent vers le ciel les prières et les vœux de ces cœurs innocents, purifiés, comme l'or dans le creuset, par une souffrance continuelle, acceptée et supportée généreusement pour l'amour de Dieu !

La neuvaine devait finir le 24 avril. Le lendemain, un armistice de quelques heures suspendait le feu pour l'évacuation de Neuilly. On s'empresse de sortir des caves pour respirer le grand air; les enfants s'amusent à ramasser de tous côtés, parmi les décombres qui jonchent le sol, des balles, des biscaïens et des éclats d'obus, dont on se propose de faire une statue à saint Joseph, pour le remercier de sa protection.

Cependant, quelques membres de l'Internationale se présentent à l'Asile et offrent leurs services pour faire entrer les jeunes incurables dans Paris. Ils font ressortir le danger d'un plus long séjour sous un feu dont rien ne faisait entrevoir la fin. Cette proposition, pleine d'humanité, n'aurait mérité que des remercîments et des éloges, si ses auteurs n'avaient eu recours qu'aux seuls moyens de la persuasion; mais ils se proposaient d'employer la force.

Le directeur de la maison hésitait sur le parti à prendre. D'un côté, il était manifestement dangereux de rester plus longtemps à Neuilly. Combien de temps durerait le bombardement ? Et s'il se prolongeait encore plusieurs jours et peut-être même plusieurs semaines, comment s'approvisionner pour nourrir tant de monde? D'ailleurs, des santés aussi délicates seraient-elles capables de supporter plus longtemps, sans grave détriment, le séjour des caves? Ces considérations étaient plus que suffisantes pour abandonner Neuilly. Mais, d'autre part, si l'on rentrait dans Paris, où aller? Où caser plus de cent enfants, dont plusieurs étaient sans parents, et dont les autres eussent été pour leur famille une charge insupportable? Comment et où transporter en quelques heures le mobilier d'une maison si considérable? Toutes ces questions étaient autant de difficultés insurmontables. Si la maison était évacuée, elle allait se trouver, comme tant d'autres, abandonnée à un pillage certain. Elle pouvait, d'un moment à l'autre, devenir la proie des flammes allumées par les obus et les bombes, sans qu'il y eût personne pour éteindre l'incendie. Tous ces motifs déterminèrent le vénérable fondateur de l'établissement à y rester en s'abandonnant à la garde de Dieu et de sa Providence.

L'Internationale employa la violence et, malgré leurs supplications et leurs cris, arracha à leur Asile ces pauvres enfants, qui ne demandaient en pleurant qu'à rester avec leur Père bien-aimé. Je n'essaierai pas de raconter cette scène déchirante ; qu'il me suffise de dire que, trois fois, des enfants furent contraintes à monter en voiture, et, trois fois, elles en descendirent spontanément pour rentrer dans leur maison. Il fallut enfin céder à la force ; la séparation dut se faire, et celui que ces pauvres enfants appelaient leur *bon Père*, celui qui, depuis dix-huit ans, tenait auprès d'elles, par les soins et l'affection qu'inspire la charité, la place de leurs pères et de leurs mères selon la nature, vit partir, la douleur, je dirai volontiers la mort dans l'âme, ses enfants bien-aimées, la consolation de sa vieillesse.

C'en est fait, le sacrifice est consommé. Le prêtre s'est incliné sous la main de Dieu; il adore les desseins impénétrables de cette Providence, sans la permission de laquelle rien n'arrive en ce monde. Le voilà seul désormais dans cette grande maison avec deux parentes, ses généreuses auxiliaires dans son œuvre de dévoûment et de miséricorde ; un prêtre, qui faisait l'office d'aumônier dans la maison, et trois serviteurs sont à ses côtés. Ce vénérable vieillard, d'une santé ébranlée, a voulu rester. Il a été l'instrument de Dieu pour édifier cette maison qu'il a nommée l'OEuvre de Notre-Dame-des-Sept-Douleurs, il regarde comme un devoir sacré de veiller à sa conservation. Il devra continuer à passer les jours et les nuits d'avril et de mai dans une cave malsaine, presque sans air, sans autre lumière que celle qui lui viendra par un soupirail ou par une lampe, sans aucun exercice physique. N'importe, le prêtre, qui est l'homme du dévoûment et du sacrifice, endurera tout cela, il restera exposé à la mort pour ses chères enfants, qu'il espère revoir un jour, et, pour soutenir son courage, il se rappellera les catacombes de l'Eglise persécutée. Que de fois ne l'avons-nous pas entendu s'écrier les larmes aux yeux : « Mes pauvres enfants, où sont-elles? Ont-elles du pain à manger? » Puis, élevant ses regards vers le ciel : « Mon Dieu! mon Dieu! que votre sainte volonté soit faite! »

Qu'étaient devenues les jeunes incurables depuis qu'elles avaient dû prendre le chemin de l'exil? Où dirigeait-on leurs pas? C'était la question qu'elles se posaient elles-mêmes, sans pouvoir la résoudre. Mais elles avaient confiance en Dieu, qu'on avait invoqué avec tant de ferveur. Le sort de la petite colonie ne devait être fixé qu'après une halte au palais de l'Industrie. On arrive : l'inquiétude et l'émotion avaient fatigué ces enfants trop faibles pour supporter de si douloureuses secousses. Plusieurs étaient malades; les soins ne leur manquèrent pas heureusement. Pour les autres, de bonnes paroles les rassurent. Leur gaîté reparaît, et elles finissent par faire grand honneur au repas que les gardes nationaux leur offraient. C'étaient les plus jeunes, la troupe joyeuse des enfants, qu'un rien abat et consterne, mais aussi qu'un mot fait espérer et sourire. Les grandes, plus sérieuses, comprenaient mieux la fâcheuse position dans laquelle elles se trouvaient. Il leur tardait de connaître le nouveau logement qu'elles pourraient occuper. Tout se termine enfin, toute irrésolution cesse. Il est décidé que les jeunes incurables se rendront, rue de Reuilly, n° 101, chez les Dames de Sainte-Clotilde.

Cette détermination fut accueillie avec joie : on espéra trouver dans la sainte demeure paix et protection. On y rencontra davantage : une charité sans borne. Ces Dames mirent à la disposition des chères enfants les grands dortoirs et un des réfectoires de leurs pensionnaires. La vie se continua aussi régulière extérieurement que dans l'heureux Asile, où le bon fondateur de l'OEuvre recueillait et visitait lui-même ses bien-aimées infirmes. Toutefois de graves inquiétudes étaient au fond de toutes les âmes. Chacune craignait pour les siens; on partageait la tristesse générale, et la douleur était parfois si poignante qu'il fallait une confiance très-grande en la divine Providence pour la pouvoir supporter. Il était assez difficile à ces pauvres réfugiées d'avoir des nouvelles de l'extérieur, car elles étaient gardées très-étroitement par un poste de quarante fédérés.

Un jour, pourtant, une visite leur fut annoncée : c'était celle du premier magistrat de la Commune dans le faubourg Saint-Antoine, le citoyen Philippe, maire du XIIe arrondissement. Les enfants sont réunies, il est introduit.

« Jeunes citoyennes, leur dit-il, comment
» vous trouvez-vous dans votre nouvelle
» demeure? N'y êtes-vous pas beaucoup
» mieux que dans vos caves infectes? » Et, sans attendre de réponse, il ajoute : « Jugez
» si l'on dit la vérité, quand on accuse les
» représentants de la Commune d'être des
» hommes sanguinaires, pillards, assassins,
» nous qui n'avions qu'un désir : vous déli-

» vrer! Si nous ne l'avons pas fait plus tôt,
» jeunes citoyennes, c'est que les Versaillais
» ne nous laissaient pas de relâche. Ils disent
» des infamies contre ceux qui sont les pro-
» tecteurs des orphelins, les bienfaiteurs de
» l'humanité, les régénérateurs de la France
» et du monde.

» Nous voulons vous rendre heureuses;
» écrivez à vos parents et à vos amis; je
» viens de donner l'ordre de vous laisser
» toute liberté sur ce point. Si vous avez
» quelque réclamation à faire, quelque
» plainte à porter, parlez, je suis là, moi,
» l'ami de la justice et du bon droit, qui
» ne vous demande pas de prière, qui ne
» vous conseille pas de lever les yeux en
» haut, comme pour trouver celui qu'on
» nomme l'Être Suprême, mais qui vous di-
» rai d'abaisser vos regards sur la terre, et
» vous y verrez vos bienfaiteurs, nous autres

» délégués et les citoyennes Sœurs qui vous
» gardent! »

Les enfants ne répondirent que par le silence à ce chaleureux discours du citoyen maire. L'admirèrent-elles? On peut en douter. Elles, si franches, si expansives d'ordinaire, se gardèrent bien d'exprimer leur sentiment sur ce point; elles sentaient que quelque chose de grave se passait. Leur contenance resta si naturelle que ce silence fut regardé comme une adhésion, une approbation. On se borna alors à leur demander si elles étaient reconnaissantes de ce qu'on avait fait pour elles. Les cris mille fois répétés de : Oui, merci, monsieur le maire, satisfirent pleinement cet envoyé de la Commune, qui les assura une fois de plus de sa protection toute particulière [1].

[1] Cette allocution nous rappelle naturellement celle d'un autre personnage de la Commune qui voulut se faire admirer des Sœurs de Saint-Vincent-de-Paul aux Ter-

Pendant ce temps, que se passait-il à la maison de Neuilly? Depuis le départ des enfants, les jours et les nuits s'écoulaient dans la douleur et la prière, assez monotones jusqu'au 10 mai. Ce jour-là, tout à coup la maison est cernée par des fédérés. Une escouade de communeux, conduite par le nommé Vernet, commandant le 192ᵉ bataillon du faubourg Saint-Antoine, se précipite dans la cave. Le chef de la troupe, pour colorer sa démarche, se plaint que des coups de feu sont partis de la maison, et se répand en invectives contre les prêtres. Désarmé par la vue du vénérable vieillard assis

nes, et qui les manda un jour pour leur dire, en style de Gargantua, que l'état religieux est un affreux abus, et que la femme est née pour donner des enfants à la patrie, etc. Le respect que nous devons à nos lecteurs et surtout à nos lectrices ne nous permet pas de rapporter textuellement une seule phrase de ce singe en écharpe, qui croyait sans doute parler à des guenons sans âme. Quand il eut fini, la supérieure, qui avait haussé les épaules à toutes ses périodes, donna le signal du départ, et les Sœurs s'en allèrent en silence, humiliées et indignées.

devant lui, il finit par lui dire : « Répondez-vous de toutes les personnes qui sont ici ? »
— « J'en réponds comme de moi-même. »
— « Eh bien! donnez-moi, je ne dis pas votre parole de prêtre, je n'y crois pas, mais votre parole d'homme... et si un seul coup de fusil part de la maison, je vous fais tous fusiller. »

Puis, la troupe procéda à la plus minutieuse perquisition, explorant tous les coins et recoins de la maison, jouant à la confession dans l'église, tenant les propos les plus infâmes et les plus obscènes, surtout à la vue de l'image de la très-sainte Vierge.

Les communeux, dans leurs recherches, avaient flairé du vin et un petit tonneau d'eau-de-vie laissé à l'Asile par l'administration de l'ambulance. Il n'en fallait pas davantage pour les faire revenir; car toute maison pourvue de vin devait tôt ou tard être pillée par eux. N'avaient-ils pas droit, ces braves et honnêtes patriotes, à tout ce qui était de nature à enflammer leur courage? Et qui ne sait où s'inspirait leur patriotisme et à quelle source ils puisaient leur bravoure? Mais le service militaire déplaça le lendemain le bataillon réquisitionneur, qui fut dirigé sur un autre point, puis ramené dans Paris.

Fit-il part de ses découvertes aux frères et amis? ou bien le même instinct les dirigeait-il tous? On ne sait, mais dix jours après, le citoyen Sensier, capitaine au 174ᵉ bataillon, se présente, accompagné d'un seul garde national. Il venait constater, disait-il, quelles personnes séjournaient encore dans la maison : deux prêtres, les deux cousines du directeur et leur bonne, deux ouvriers et le concierge de l'établissement. Après avoir échangé quelques paroles, il se retire en disant : « Au revoir, citoyens; au revoir, ci toyennes. » Cette formule allait se réaliser à la lettre. En effet, environ une demi-heure après, le capitaine Sensier, escorté d'une troupe de communeux, munis de chassepots avec baïonnettes au canon, se présente de nouveau, et d'un ton brutal : « Citoyens, citoyennes, je vous mets tous en état d'arrestation; vous allez me suivre au quartier général. » Malgré leurs protestations, force fut aux habitants de l'Asile de se rendre, par l'avenue du Roule, sous une grêle de balles et d'obus, jusqu'à la rue de la Mairie, de descendre ensuite la rue Péronnet jusqu'au n° 15. Là, se fit un interrogatoire très-sommaire, qui eut pour effet de faire évacuer la maison dans le plus bref délai; après quoi, les prisonniers durent revenir par le même chemin et avec les mêmes dangers.

Pendant le trajet, le sifflement d'un obus effraya nos braves communeux, qui se jetèrent à terre en criant : *Couchez-vous!*, joignant ainsi l'exemple au conseil. « Nous avons bien moins peur des obus que de vous, » leur répondit la plus jeune des cousines du directeur de l'Asile. La vue d'un prêtre en soutane réveilla, dans des groupes de fédérés, des instincts sanguinaires. « Un curé ! un curé ! crie un communard à son camarade, passe-moi ton chassepot que je le fusille ! » D'autres vociférèrent : « Il faut le fusiller à l'eau bouillante ! » Le prêtre, sans rien répondre à ces cris de mort, priait, et se fût estimé trop heureux de verser son sang pour l'expiation de ses péchés, pour le salut de Paris et de la France, pour l'Église et la conversion de ses persécuteurs. La généreuse demoiselle, qui était à ses côtés, leur disait : « Attendez, votre tour viendra ; je désire que vous trouviez plus de pitié que vous n'en avez pour nous. » — « De la pitié ! de la pitié! ne parlez pas de pitié, répondit un communard. »

Ainsi ramenés sous bonne escorte, les captifs rejoignirent le vénérable vieillard à qui son état de faiblesse n'avait pas permis de les accompagner, et qui était resté à la maison sous la garde de quatre hommes armés. Pendant qu'ils prenaient à la hâte quelques objets de première nécessité, les communeux, qui surveillaient tous leurs mouvements, tenaient des propos d'une brutale et stupide impiété : « Le bon Dieu, disait l'un, c'est le soleil qui nous éclaire. » — « Nous sommes comme des animaux, ajoutait un autre; » et un troisième, trouvant sans doute la comparaison trop flatteuse, répliquait : « Un peu moins que des animaux. » Bien que personne ne soit juge dans sa propre cause, cependant, à en juger par sa conduite et ses actes, cette espèce d'animaux parlants se rendait parfaitement justice et s'estimait à sa juste valeur. Ils avaient abdiqué la dignité humaine pour se ravaler au niveau de la brute. Quand il fallut monter l'escalier de la cave, un d'eux s'avança pour soutenir le vénérable prêtre. « Retirez-vous, lui dit avec une intrépide énergie la plus jeune cousine, vous n'êtes pas digne de le toucher! »

Le vénéré fondateur avait dit à ces monstres : « Fusillez-moi ! » Au capitaine Sensier : « Mon ami, vous êtes jeune, vous avez l'avenir devant vous ; ce que vous faites là, en ce moment, vous causera un jour des remords. » — « Des remords ! des remords ! reprit le communard, il y a longtemps que tout cela est étouffé et n'existe plus ! »

Les prisonniers de la Commune rentrèrent dans Paris par la porte Bineau, où les deux prêtres, en voiture découverte, purent croire que leurs derniers moments étaient arrivés.

Un garde national s'approche de l'un d'eux et lui dit : « Vous ne connaissez donc pas la nouvelle loi ?... Les dames passeront, mais vous, messieurs, vous ne passerez pas. » Ils passèrent néanmoins, grâce à un brave homme qui fit avancer la voiture.

Cependant, les communeux, au nombre de deux cents, avaient envahi l'Asile évacué, après avoir pratiqué, au fond du jardin, une large brèche à un mur de séparation. Ils fouillent la maison de la cave au grenier, enfoncent et brisent les meubles fermés, mettent tout sens dessus dessous, s'emparent de tout ce qui leur convient, commencent par les bouteilles de vin qu'ils font passer, en formant la chaîne, à la maison qui leur sert de repaire. Ils vont au plus pressé, se réservant sans doute de piller le reste plus tard ; mais communeux propose et Dieu dispose. Ce jour-là même, samedi 20 mai, vingt-quatre heures avant l'entrée de l'armée de Versailles dans Paris, ils mirent si bien en pratique la doctrine *que l'homme n'est qu'un animal, un peu moins qu'un animal,* qu'ayant fait de trop copieuses libations de vin et d'eau-de-vie, ils s'enivrèrent à rouler, laissant çà et là les traces immondes de la plus crapuleuse orgie. Ils se mirent dans l'impuissance de rien faire le dimanche suivant, quoiqu'ils se proposassent de porter à la barricade de la rue de la Mairie le mobilier de l'Asile des Incurables et celui de l'institution Sainte-Croix. Le jour suivant, lundi 22 mai, dès le matin, l'apparition de quelques soldats versaillais jeta la panique chez ces communeux, qui coururent à toutes jambes vers les portes de Courcelles et de Clichy.

Quelques jours après, la Commune n'existait plus et les exilés purent rentrer dans leurs foyers. Avec quelle impatience les jeunes Incurables attendaient ce jour, objet de leurs plus ardentes prières! Avec quel empressement elles revinrent à leur cher Asile, où leur bon Père était déjà rentré pour leur préparer un gîte au milieu des ruines! Mais avec quelle douloureuse émotion elles virent de loin le toit enfoncé et la façade ravagée par les projectiles! Puis, quand elles pénétrèrent à l'intérieur, quoique déjà en partie réparé, elles purent apercevoir au moins la trace des larges trous faits par les obus dans les murs, les cloisons et les plafonds. La guerre n'avait rien respecté.

O charité, qui as élevé cette maison, tu ne permettras pas qu'elle tombe. Des âmes généreuses s'uniront à celles qui t'ont soutenue jusqu'à présent, pour te donner une splendeur nouvelle. Marie et Joseph, qui sont tes protecteurs tout-puissants et qui t'ont préservée d'une ruine complète, te relèveront avec amour et augmenteront chaque jour le nombre de ces pauvres enfants que tu abrites avec tant de tendresse !

LA RETRAITE SAINTE-ANNE. — LES SŒURS DE SAINT-VINCENT-DE-PAUL. — LES FRÈRES DE LA DOCTRINE CHRÉTIENNE.

A quelque distance de l'asile des Jeunes Incurables se trouve, sur le même côté de l'avenue du Roule, un autre grand établissement de bienfaisance, qui porte le nom de *Retraite Sainte-Anne,* et qui se fait remarquer par l'importance de ses constructions.

Il y avait quinze ans que M. Deguerry, curé de la Madeleine, méditait devant Dieu le pieux dessein de fonder un asile ou maison de Retraite en faveur de dames âgées de soixante ans et privées des ressources suffisantes pour rester dans le monde, quand, le

26 décembre 1852, il lui fut possible d'ouvrir, dans ce but, une maison située rue de Lisbonne, 41, à Paris. La direction en fut confiée aux Sœurs de la Charité et Instruction chrétienne dont la maison-mère est établie à Nevers ([1]).

Pendant les deux siéges de Paris, les Sœurs de la Retraite Sainte-Anne sont restées dans leur maison avec leurs dames pensionnaires. Alors que presque toute la population de Neuilly, affolée de terreur panique à l'arrivée des Prussiens autour de la capitale, désertait ses foyers pour se réfugier derrière les

---

([1]) Vingt-deux vieilles femmes de la Madeleine et d'autres paroisses de Paris occupèrent tout d'abord les places gratuites du nouvel établissement, puis d'autres dames y furent reçues à des conditions faciles.

Mgr Sibour vint bénir leur modeste chapelle, laquelle fut placée, ainsi que la maison, sous le vocable de sainte Anne, mère de la très-sainte Vierge, en mémoire de la mère de M. Deguerry, pour laquelle celui-ci professait une sorte de culte filial.

Exproprié par la ville de Paris, l'établissement fut transféré, le 16 mai 1864, avenue du Roule, à Neuilly-sur-Seine, où il a pris des proportions beaucoup plus considérables.

remparts de la grande cité, en ces jours témoins de si tristes défaillances, la courageuse population de Sainte-Anne, religieuses et pensionnaires, animée de l'Esprit de force, restait intrépide et fidèle à son poste. Les premières avaient voulu garder la maison et s'y rendre utiles ; les secondes n'avaient pas voulu se séparer de leurs charitables Sœurs, et bon nombre d'entre elles se proposaient de partager leur dévouement.

Pendant l'investissement, M. Deguerry avait mis à la disposition de la *Société internationale des secours aux blessés* les lits des infirmeries de Sainte-Anne, et, durant tout l'hiver, des soldats malades ou blessés y ont été l'objet d'un maternel dévouement.

Sous la Commune, des gardes nationaux blessés reçurent aussi les premiers soins dans la maison, d'où ils étaient transportés à l'ambulance de la Mairie.

Situé non loin du rond-point d'Inkermann où s'élevait une formidable barricade, que les fédérés n'ont cessé de défendre avec acharnement jusqu'à la dernière heure de la lutte, l'établissement de Sainte-Anne était plus particulièrement exposé au feu et aux projectiles de toute nature; aussi fut-il cruellement éprouvé. Il y avait là une perspective peu rassurante, celle de se voir englouties toutes vivantes sous une maison qui pouvait à chaque instant s'effondrer sous le feu des batteries, ou devenir la proie des flammes. Il n'en fut rien. Les dégâts, quoique très-considérables, n'ont pas été cependant irréparables, et, à l'heure où nous écrivons ces lignes, la maison, sans avoir cessé un instant d'être habitée, est presque entièrement restaurée.

Nous ne redirons rien ici du séjour prolongé dans les caves; nous n'essaierons pas non plus de raconter ce qu'y durent souffrir des femmes délicates ou infirmes pendant les cinquante jours du bombardement. Il est plus facile de se l'imaginer que de l'exprimer.

Le mardi, 25 avril, jour de l'armistice pour l'évacuation de Neuilly, les religieuses eurent, il est vrai, la possibilité de sortir d'une situation si douloureuse et tout à la fois si périlleuse. Des membres de l'Internationale vinrent même les solliciter d'entrer dans Paris, où le couvent des Carmes devait être mis à leur disposition. Après les avoir remerciés de leur démarche et de leur proposition, on leur fait connaître l'inébranlable résolution qu'avait prise toute la communauté de ne pas abandonner la maison. Les envoyés insistent; ils s'imaginent qu'ils vont intimider ces généreuses femmes en leur faisant entrevoir, ce qui était du reste vraisemblable, qu'elles s'exposent à mourir de faim

ou à être ensevelies sous les ruines de la maison; que le feu, d'ailleurs, y serait mis et qu'il était téméraire de risquer sa vie et celle des autres par obstination. Parmi ces hommes, il y en avait un plus ardent que les autres, qui se démenait avec des gestes furieux. Il était pâle de colère, parce qu'une Sœur lui avait dit : « Monsieur, ces dames
» sont libres de partir; pour nous, nous
» restons. Cette maison nous a été confiée,
» nous ne devons pas la quitter; c'est un
» dépôt sacré que nous devons garder. Ne
» trouvez pas mauvais, vous qui portez un
» uniforme militaire et qui devez être des
» hommes d'honneur, que nous restions,
» nous aussi, à notre poste, et que nous
» respections la consigne qui nous a été
» donnée. D'ailleurs, il y a ici de pauvres
» bonnes vieilles qui ne sont pas en état
» d'être transportées; nous ne les abandon-

» nerons pas. » Vaincus par ces nobles paroles et cette héroïque résistance, ces hommes, de guerre lasse, exigent une déclaration écrite et signée des personnes qui refusaient les offres de la Commune. La Supérieure signa et après elle toutes les religieuses, cinquante dames pensionnaires et les bonnes de la maison.

Après la reprise des hostilités, il fallut rentrer dans les caves, pour y continuer une vie de privations et d'angoisses. Les Sœurs et les bonnes étaient aux petits soins pour leurs chères vieilles dames, avec un dévouement et une délicatesse qui les touchaient profondément. Et où puisaient-elles ce courage surhumain qui les rendait oublieuses d'elles-mêmes, leur faisait braver toutes les fatigues et tous les dangers? Dans la prière, dans la fidélité à leurs exercices spirituels, dans le saint sacrifice de la messe et la communion. Un réfectoire avait été converti en chapelle; là, deux vénérables prêtres leur disaient régulièrement chaque jour la sainte messe. Elles étaient encore fortement encouragées par la présence et l'exemple de leur chère Mère, dont la rare prudence dirige l'établissement avec tant de sagesse depuis sa fondation. Malgré une santé très-délicate et une névralgie constamment surexcitée par le bruit du canon, la courageuse Supérieure, digne coopératrice du Fondateur martyr, avait voulu rester au milieu de ses Sœurs qu'elle fortifiait par ses paroles pleines de foi; elle savait les élever au-dessus de l'infirmité humaine et leur faire pratiquer un abandon complet à la Providence : « Mon Dieu, disait-elle sans cesse, mon Dieu, que votre volonté soit faite! Mon Dieu, tout ce que vous voudrez! »

Bien des fois les fédérés firent des perquisitions à Sainte-Anne. Parmi eux, il y avait des hommes ivres; la plupart avaient mauvaise figure, souvent la menace à la bouche, toujours ils étaient d'une extrême défiance. On pouvait tout craindre d'hommes violents et emportés qui étaient rarement dans un état normal. Néanmoins, grâce à la patience, à la prudence et à la douceur des religieuses, ces hommes venus avec de mauvaises dispositions, dont les intentions hostiles peut-être n'attendaient qu'un mot, qu'un signe d'impatience pour faire explosion, se sentaient saisis malgré eux de respect et d'admiration, et s'en retournaient adoucis et presque disposés à la bienveillance. Ils ne pouvaient s'expliquer le calme et la résignation de ces femmes chrétiennes abandonnées de tout le monde en apparence et vouées, selon eux, à une mort affreuse. Pour le comprendre, il leur eût fallu le sens et le sentiment religieux, principe des plus héroïques vertus.

Pourtant la justice et la vérité nous font un devoir de signaler ici une exception d'autant plus honorable qu'elle était plus rare. Parmi les fédérés qui vinrent à Sainte-Anne, il se rencontra un capitaine qui témoigna un véritable intérêt aux personnes de la maison. Il avait l'obligeante attention de venir prendre leurs commissions pour Paris et se plaisait à leur rendre service en toute occasion. Il prévenait les Sœurs toutes les fois qu'il y avait changement de poste et qu'il prévoyait une nouvelle perquisition. Dès sa première visite, c'était le lendemain ou le surlendemain de l'armistice, il avait visité l'infirmerie, encouragé les vieilles infirmes et leur avait dit : « Ayez confiance, vous avez le bon Dieu avec vous... et voyez, moi aussi, j'ai un talisman qui ne me quitte pas. » En disant ces mots, il montra un crucifix qu'il portait sur la poitrine.

« Une autre fois, écrit une des dames pensionnaires de la maison, pendant que nous étions réunies pour réciter le chapelet, un jour du mois de Marie, devant l'image de la très-sainte Vierge, M. l'aumônier entre pour faire la lecture ordinaire; il est suivi de deux fédérés, dont l'un était le capitaine en question. Nos petites bonnes, effrayées à la vue des uniformes, se cachent précipitamment sous les tables et n'osent plus bouger. Cependant, après la lecture, M. l'aumônier continue l'exercice par la récitation des litanies, et, à notre grand étonnement, nous vîmes les deux fédérés, que nous regardions du coin de l'œil, répondre avec nous. On devait clore l'exercice par la bénédiction du saint Ciboire; nos petites bonnes chantèrent comme à l'ordinaire, mais d'une voix qui trahissait leur émotion. L'exercice terminé, les deux gardes nationaux se retirèrent avec des procédés pleins de convenance et même de courtoisie. »

La même personne ajoute : « Que de grâces de préservation n'aurions-nous pas à raconter ! Dès le début du bombardement, avant qu'on descendît dans les caves, les balles sifflaient dans la maison, sans que personne fût atteint. Un jour pourtant la sœur T..., montée au 4ᵉ étage, en reçoit une en pleine poitrine, devant une fenêtre. La balle tombe à ses pieds, sans lui avoir causé d'autre mal qu'une violente secousse. La religieuse n'attribue sa préservation qu'à son scapulaire. »

Le 18 avril, vers midi, un obus tombe sur la chapelle et soulève un épais nuage de fumée et de poussière. L'émotion est si vive dans la maison, que le concierge et sa famille, à table pour le déjeuner, se lèvent immédiatement et volent au secours. A peine ont-ils mis le pied dehors, qu'un autre obus éclate, brise et bouleverse tout dans la salle à manger, qu'ils viennent de quitter.

Le 19, un autre projectile éclate dans la chambre d'une demoiselle, au second étage. Celle-ci est renversée, mais sans avoir éprouvé le moindre mal. Une sœur accourt pour la faire sortir; un second obus entre par la même ouverture et les couvre toutes deux de décombres, mais sans les blesser. Avec quelle reconnaissance n'en remercient-elles pas Dieu et leurs bons anges!

Par une protection non moins signalée de la Providence, malgré la fatigue, le manque d'air pur et de repos, malgré de nombreuses privations et tant d'émotions diverses, personne ne tomba malade.

Un autre fait digne de remarque, auquel le lecteur attachera l'importance qu'il voudra, c'est qu'au centre de la cour, remplie de décombres, de débris de la toiture brisée, de cheminées abattues, la belle statue de la trèssainte Vierge, gardienne de la maison, est restée debout, intacte, ainsi que celle de saint Joseph placée au bas du grand escalier, quoiqu'il soit tombé à ses pieds des fenêtres arrachées et rompues, avec des vitres brisées.

Les pieuses dames se plaisaient à voir dans ces petits événements une protection sensible du ciel, obtenue par les prières ferventes de toute la maison. Car, à l'exception de celles qui ne pouvaient sortir de la cave, toutes les dames pensionnaires continuaient d'assister chaque jour au saint sacrifice de la messe et aux autres exercices de piété, comme en pleine paix.

Une bonne vieille dame, âgée de quatre-vingt-douze ans, ne manquait jamais de se trouver à la chapelle dès cinq heures et demie du matin, afin, disait-elle, de prier pour notre chère Mère supérieure, pour nos bonnes Sœurs, pour notre vénéré fondateur et pour toute la maison. Cette même dame, le jour de l'armistice, disait aux délégués de la Commune qui voulaient l'obliger à quitter la maison : « J'ai quatre-vingt-douze ans, je veux mourir dans cette maison. » — « Eh bien! madame, lui fut-il répondu avec une gracieuseté *communeuse*, vous serez bientôt satisfaite. » Cette bonne dame était très-exacte aux exercices du mois de Marie. On ne pouvait, dans la maison, se lasser d'admirer son courage et sa résignation. Dieu inspirait à chacune une parfaite sécurité et l'espérance d'être délivrées pendant le mois consacré à la très-sainte Vierge, patronne de la France. Aussi, en apprenant la fuite des fédérés, le premier cri fut-il : « O mon Dieu, merci! Bonne Mère du ciel, vous avez prié pour nous! »

Nous savons de source certaine que, le 20 mai, sept tonneaux de pétrole ont été déposés rue Péronnet. Trois de ces tonneaux portaient écrit en gros caractères : « Pour brûler l'asile Sainte-Anne, mardi, 23 courant. Prière d'en avertir les sœurs et les vieilles femmes qui sont dans les caves, vingt-quatre heures à l'avance. » Celles-là et toutes les autres sont des obstinées.

Après la cruelle tourmente qu'elle vient de traverser, la Retraite Sainte-Anne est-elle enfin sortie de toutes ses épreuves? C'est le secret de Dieu. Tout ce que nous savons, c'est qu'elle porte le cachet des œuvres divines. Bâtie par un vénérable prêtre, si justement appelé le *meilleur des hommes*, payée par les ressources de la charité, soutenue par dix-neuf ans de bienfaisance et de dévouement, elle s'est affermie et consolidée moralement par ses héroïques vertus, pendant qu'au dehors elle était écrasée par le canon.

O saint martyr, votre appui extérieur manquera désormais à cette œuvre si chère à votre cœur; mais, au ciel, pourriez-vous oublier une maison qui fut l'objet constant de vos plus tendres affections, et dont la sollicitude vous a préoccupé dans votre prison et jusqu'au moment de la mort? Votre belle âme, si généreuse sur la terre, unie désormais à l'éternelle Charité, l'assistera d'un crédit devenu plus puissant auprès de Dieu; elle consolera vos pauvres orphelines, que vous y avez laissées dans le deuil et les larmes. Votre sainte vie, votre glorieuse mort et votre impérissable mémoire seront l'immortel honneur du clergé de Paris, et l'exemple de votre inépuisable charité sera un puissant encouragement pour les cœurs nobles et dévoués, jaloux de marcher sur vos traces et de reproduire l'image de vos vertus.

Les autres communautés du parc, que rien ne retenait, avaient abandonné leurs maisons dès le premier siége, ou ne tardèrent pas à s'éloigner quand elles se virent menacées une seconde fois. C'était prudent.

Néanmoins plusieurs religieuses, qui ne prirent pas la fuite assez vite, au début de la guerre, se trouvèrent cernées tout à coup dans des caves où elles étaient réfugiées, avec quelques-unes de leurs élèves et un certain nombre d'autres personnes. Les troupes de Versailles s'étant emparées de la maison, y furent bientôt assiégées par les fédérés, qui étaient beaucoup plus nombreux, et qui parvinrent à repousser le gros des assaillants; en sorte qu'il resta seulement une poignée de soldats dans cette maison pour la défendre contre des bandes toujours croissantes. Combien ne devint pas critique la position des pauvres dames, qui entendaient la fusillade sur leurs têtes, et, de temps en temps, l'explosion des obus tombant sur le toit ou perçant les murailles!

Les mouvements précipités des soldats, les ordres des chefs, l'inquiétude peinte sur tous les visages, révélaient assez le danger que l'on courait. Le lieutenant finit par dire à quelques-unes des Sœurs : « Je ne vous abandonnerai qu'à la dernière extrémité; mais il est possible que nous soyons obligés de nous retirer. En sacrifiant mes hommes, je ne vous sauverais pas. Or leur vie m'est confiée, je dois pourvoir à leur sûreté. » Cette déclaration était franche, mais elle n'avait rien de rassurant; il fallait se préparer à la mort comme à une éventualité probable, et peut-être à des outrages pires que la mort; car à quels vainqueurs n'aurait-on pas affaire!

Un vicaire de la paroisse, celui-là même

dont tout Neuilly a constamment admiré le zèle et la froide intrépidité dans cette cruelle guerre, put pénétrer dans la maison et administrer les sacrements aux personnes qui les désiraient. Ses saintes exhortations furent écoutées comme venant du ciel et firent un bien incomparable à ces pauvres âmes, qui voyaient la mort planer au-dessus d'elles sous mille formes. Il y eut un moment douloureux et solennel, quand la supérieure des Sœurs, ne voulant tromper personne, rapporta les paroles de l'officier et ajouta : « Dans une demi-heure peut-être nous serons mortes; Dieu seul peut nous sauver. » Bien des visages pâlirent, des larmes coulèrent, et plusieurs enfants se jetèrent dans les bras des religieuses, comme pour leur demander un secours qu'elles ne pouvaient leur donner. La supérieure les consola par des paroles de foi, leur disant qu'elles seraient trop honorées de partager le sort des martyrs immolés pour la religion, et en leur montrant le ciel ouvert pour recevoir celles qui feraient généreusement à Dieu le sacrifice de leur vie.

Toutefois le rosaire, instrument sacré de tant de prodiges, était dans leurs mains, et celles qui ne le tenaient pas répondaient avec ardeur aux prières. Ces supplications unanimes montaient brûlantes vers le trône de l'auguste Marie, secours assuré de tous ceux qui l'invoquent. Elles ne partaient pas seulement des lèvres, comme il arrive trop souvent, mais de cœurs émus et palpitants. Quelle éloquence n'avaient-elles pas! O Reine du ciel, vous les avez entendues, et vous avez obtenu grâce pour celles qui vous les adressaient.

Les fédérés avaient usé d'un stratagème, qui faillit leur livrer la maison sans coup férir. Pour tromper ses défenseurs, ils avaient pris des uniformes versaillais; en sorte que les soldats, les voyant approcher, n'osaient tirer sur eux et allaient les accueillir comme des frères qui venaient les délivrer. Mais des coups de fusil, sottement tirés sur eux par ces prétendus frères, excitèrent leur défiance; un soldat fit remarquer au lieutenant que leurs gamelles neuves ne pouvaient appartenir à des corps versaillais, depuis longtemps en campagne. Cette remarque en amena d'autres, et la ruse fut découverte. On résolut de se défendre à outrance, et de tenter un effort suprême. Le lieutenant plaça si bien ses hommes et leur donna des ordres si sages, qu'en un clin d'œil la face des choses fut changée. Cette poignée de braves fit un feu si vif et si nourri sur les fédérés, qu'on eût cru à la présence de deux cents hommes dans les étages supérieurs. Les ennemis, surpris et frappés de toutes parts, s'effrayèrent à la vue des morts et des blessés qui tombaient dans leurs rangs. En même temps, le bruit de cette effroyable fusillade attira l'attention des chefs versaillais les plus rapprochés; ils envoyèrent des secours à leurs vaillants compagnons, qui allaient succomber sous le flot croissant des ennemis. On croit qu'ils étaient environ deux mille. L'arrivée de ce renfort acheva de déconcerter les faux Versaillais; la déroute se mit bientôt parmi eux, et la position fut dégagée.

Les habitants de la cave avaient entendu le lieutenant crier à ses soldats : « Courage, mes amis! nous sommes sauvés. » Et une voix avait répété : « Sauvés! sauvés! » Vous dire l'effet que produisit sur elles ces paroles magiques, serait chose impossible. L'angoisse avait duré trois quarts d'heure. Ces pauvres cœurs revenaient de la mort à la vie. Les prières se changèrent bientôt en actions de grâce, et la joie fut universelle.

Un des faits les plus merveilleux de cette dramatique journée, c'est que pas un homme ne fut blessé dans la maison. Les soldats en étaient eux-mêmes si frappés, qu'ils disaient : « Nous le devons aux prières de ces bonnes dames ; c'est une assistance visible de Dieu, car nous ne pouvions pas échapper autrement. » Gloire donc à Dieu et à Marie, qui ne délaissent jamais quiconque met en eux sa confiance !

A cette époque, beaucoup de personnes du bas Neuilly émigrèrent du côté de Versailles, en traversant la Seine sur des bateaux ou sur le pont pendant les nuits les plus sombres.

Parmi les religieuses, les Sœurs de Saint-Vincent-de-Paul seules, bravant toutes les éventualités, comme les dames de Sainte-Anne, restèrent avec leurs orphelines et se consacrèrent aux soins des blessés. Jusqu'au

Samedi-Saint, elles reçurent des insurgés, qui les payaient le plus souvent par des injures et des grossièretés. Exigeants et brutaux, ils avaient sans cesse la menace et le blasphème à la bouche, tutoyant les religieuses : « *Citoyenne Sœur,* ou *citoyenne Marie,* donne-moi cela, ou je te tue, je te fais fusiller. » Quand ils étaient près de mourir, la plupart refusaient de voir le prêtre et répondaient aux plus douces invitations des Sœurs : « Le bon Dieu ! il n'y en a point de Dieu ; il n'y a point de Christ. Nous ne connaissons que le peuple souverain. » Il y avait parmi ces êtres-là des figures si repoussantes, qu'on eût dit des démons à face humaine. La mort y ajoutait des traits encore plus affreux. Ils faisaient peur !

A partir du Samedi-Saint, les Versaillais étant maîtres du bas Neuilly, ce furent leurs blessés qui remplacèrent les communeux.

Quelle différence! Tous recevaient avec empressement les secours de la religion, et quelques-uns mouraient comme de jeunes saints.

Les Sœurs se plaisent à raconter les derniers moments d'un blessé, qui avait laissé une de ses jambes derrière la barricade voisine, et qui semblait ne pas souffrir, tant il était courageux et résigné. Quand il se fut confessé et qu'il eut reçu la sainte communion, son visage prit une expression extraordinaire de douceur et de patience. Comme on lui demandait : « Vous souffrez beaucoup, mon pauvre enfant? » — « Non, répondait-il; ce n'est rien. Notre-Seigneur en a supporté bien d'autres! » Il comprit qu'il allait mourir : il ne regrettait pas la vie, disait-il, mais il était affligé de la douleur que sa mort allait causer à sa bonne mère. Son seul regret était de ne pouvoir la voir auparavant. La

Sœur qui le servait envoya chercher une fleur, une pensée, et la lui présenta en disant: « Baisez cette fleur, nous l'enverrons à votre excellente mère. » Il la baisa, les larmes aux yeux, en remerciant affectueusement la religieuse : « Merci, ma Sœur; il n'y a que des religieuses qui aient des pensées si délicates! » Quelque temps après, il tira son porte-monnaie, y prit vingt francs et les remit à la Sœur, en lui disant : « Donnez-les à M. l'aumônier, pour qu'il dise des messes à mon intention. » Dès lors, il ne parut plus s'occuper que du ciel, et ses derniers instants furent ceux du plus parfait chrétien.

Un autre jour, on apporta un jeune lieutenant, qu'un obus avait horriblement mutilé: le devant de sa poitrine était presque totalement enlevé. Il se plaignait à une Sœur de mourir sitôt, et s'étonnait que la sainte Vierge, dont il portait le scapulaire, ne l'eût pas préservé de ce cruel projectile; mais il le disait d'une façon si gracieuse et si résignée, que la sainte Vierge le lui pardonna sans aucun doute; car il montra tant de foi, de résignation et de ferveur, que les religieuses en étaient dans l'admiration. Il expira comme un saint, deux heures après avoir reçu cette affreuse blessure.

Les Frères de la Doctrine chrétienne, qui étaient aussi restés à leur poste et qui servaient les blessés, nous ont raconté pareillement une mort bien édifiante. On préparait l'attaque d'une maison remplie d'insurgés, auprès de la poste. Le lieutenant avait fait appel aux hommes de bonne volonté pour cette périlleuse expédition. Le sergent Podevin se présenta des premiers, comme s'il se fût agi d'aller à une fête. Il disait à un Frère : « J'ai vingt-cinq ans de services et j'ai fait dix-huit campagnes, sans avoir jamais été blessé ; je n'ai pas de chance. » Il allait en avoir cette fois.

L'assaut était à peine commencé, que les blessés arrivèrent en foule, les uns patients et résignés, les autres poussant des cris que leur arrachait la douleur. Les bons Frères prodiguaient leurs soins à tous et à chacun. Le brave Podevin arrive à son tour, et, se pressant le dos avec la main, en fait sortir une balle avec des flots de sang. « Vous êtes blessé ? lui demande-t-on. » — « Non, répond-il, ce n'est qu'une contusion. » Après un rapide pansement, il veut retourner au feu. Ses chefs lui conseillent de rester, mais il s'y refuse : « Non, dit-il en riant, on ne peut rien faire sans moi ; mes petits enfants (ses jeunes soldats) se décourageraient, s'ils ne me voyaient pas à leur tête. » Il fallut donc le laisser partir.

Audacieux jusqu'à l'imprudence, il s'expose à découvert, sans aucune précaution. Bientôt une balle lui transperce la poitrine. Il s'appuie contre un mur, pour ne pas tomber, et ne dit mot, ne voulant pas quitter le lieu du combat. Enfin, plusieurs hommes le prennent et le portent à l'ambulance. Là, une religieuse qui le soigne, et qui le voit si près de la mort, l'engage à se confesser, en lui disant que c'est un devoir à remplir envers Dieu. Le brave militaire n'hésite pas un instant : « Je le veux bien, ma Sœur, répondit-il; j'ai toujours servi loyalement mon pays, je suis prêt à régler mes comptes avec le bon Dieu. » Le prêtre est appelé, et vient recevoir sa confession. Un si vaillant soldat ne devait-il pas mourir en bon chrétien?

A partir de ce moment, il semble tout à Dieu. On lui présente un crucifix, en lui disant que Notre-Seigneur aussi a beaucoup souffert pour nous, et mérite bien qu'on

l'aime. Le malade le baise avec respect.
« L'aimez-vous bien? lui demande-t-on. » —
« Oh! oui, répond-il d'une voix éteinte; je
l'ai toujours aimé, et je veux l'aimer toujours, toujours... » Sa tête défaillante était
retombée sur l'oreiller, mais ses yeux demeuraient attachés sur la sainte image, et ses
lèvres murmuraient des prières. Ce valeureux militaire, si terrible au combat, était
devenu doux et docile comme un enfant,
pieux comme au jour de sa première communion, et affectueux à ravir pour ceux qui
lui parlaient du ciel.

Quelques paroles d'aigreur lui étaient
échappées contre les insurgés qui l'avaient
tué : « Canaille, disait-il tout bas! Après tant
de campagnes, venir tomber sous les coups
de cette canaille! » Une personne, qui l'entendit, lui conseilla de leur pardonner, à
l'exemple de Jésus-Christ, qui avait prié

même pour ses bourreaux. Il se recueillit, fit un effort et répondit d'une voix à peine sensible : « Oui, je pardonne, je pardonne tout. » Puis, baisant une dernière fois le crucifix, il rendit son âme à Dieu.

Plusieurs de ses camarades étaient venus prier auprès de son lit et s'y édifier. Quand il fut mort, tous voulurent le voir, les uns se jetant sur lui pour l'embrasser, les autres lui prenant les mains. Chacun s'écriait : « C'était un brave garçon. » Les chefs vinrent aussi et dirent aux soldats : « Voilà comment un bon militaire doit vivre et mourir. Honneur au brave sergent que nous perdons! Mais jurons de le venger. » Les soldats répondirent d'une voix vibrante : « Oui, nous jurons de le venger. » Et ils retournèrent au feu avec une sorte de fureur.

Nous n'en finirions pas, si nous racontions tous les faits édifiants qui se sont passés dans les ambulances desservies par des Frères ou par des Sœurs. Le seul aspect de leur costume et surtout leur tendre charité rappelaient à ces pauvres soldats leur famille absente et la religion qui avait fait la joie de leur enfance. Ces souvenirs ouvraient leurs âmes aux pensées du Ciel, et leur retour à Dieu était la plus douce récompense pour les cœurs dévoués qui les servaient si généreusement.

La maison des Frères et l'ambulance des Sœurs de Saint-Vincent-de-Paul étaient tellement exposées aux bombes, que le service des blessés ne s'en pouvait faire sans un péril de mort continuel. Les projectiles tombaient et éclataient partout. Les médecins tremblaient; il n'y avait que les religieuses et l'aumônier qui parussent ne pas s'occuper des obus et des balles. Ils abandonnaient à Dieu le soin de les en préserver. On ne peut expliquer, si ce n'est par un secours particulier de Dieu, que personne n'ait été tué. Une de ces Sœurs, qui bravaient la mort en souriant, voit tomber une boîte à mitraille dans une salle, à deux mètres de distance ; le projectile éclate et lui lance à la face vingt-cinq balles ou biscaïens. Les quatre blessés qui sont dans la salle s'écrient : « Oh! la pauvre Sœur! » Ils la croyaient broyée par cette horrible explosion. Elle est violemment émotionnée, pâle et presque défaillante ; mais elle n'est pas blessée, elle n'a pas même une égratignure. Les soldats crient au prodige, et l'un d'eux le déclare hautement : « Je n'avais pas la foi, mais je l'ai maintenant ; je crois aux miracles. »

Un autre obus tombe dans la chapelle, au moment où la communauté et les orphelines faisaient ensemble la prière ; il fait explosion avec un fracas épouvantable. Beaucoup d'objets sont brisés, mais personne n'est atteint. On en rend grâce à Dieu solennellement.

Il semblait que les projectiles se jouassent autour des Sœurs, pour leur inspirer une confiance sans bornes. Un troisième obus entre dans le cabinet de la supérieure, broie le haut de son bureau, brise la tablette de marbre de la cheminée, tourne un peu la Vierge qui est sous verre, pour marquer qu'il l'a respectée et va se loger, sans éclater, sous le chapeau de l'aumônier, qui était déposé là, pendant que son maître confessait et consolait les malades de l'ambulance.

Ceux qui veulent savoir à quoi s'occupaient les prêtres, les Frères et les Sœurs pendant la guerre, n'auront plus besoin de le demander. Dans le même temps, la Commune emprisonnait ceux qu'elle pouvait saisir, et se préparait à les massacrer. Ces mêmes Frères de Neuilly avaient été chassés de leur école par le dernier conseil municipal, et avaient dû se réfugier avenue de Sainte-Foy. Si les Sœurs n'avaient pas quitté pareillement leur école et leur orphelinat, il fallait l'attribuer uniquement à leur résistance énergique et à la crainte qu'on avait eue de soulever la population en employant la violence. Il nous suffirait de rapporter les paroles de certains commissaires plus ou moins communeux, pour les vouer au mépris des honnêtes gens. Mais ne vaut-il pas mieux leur pardonner, quand nous voyons ces mêmes Frères et ces mêmes Sœurs se venger si noblement de leurs brutalités? Puissent-ils comprendre, ces hommes égarés par de fausses théories, que la religion seule inspire les vraies vertus, et que les enfants, pour les apprendre, ont besoin d'une éducation solidement chrétienne! Le salut de la France est dans l'éducation.

Que peut-on attendre d'une génération

sans foi et sans mœurs, qui n'élève pas ses regards au-dessus des grossières jouissances de la terre, et qui veut se les procurer à tout prix, sans aucun respect du droit ni crainte de la justice divine! Les châtiments les plus terribles de cette justice ne les effraient pas et ne les éclairent pas. Qui s'est converti à Paris, dans les villes communeuses, et même parmi leurs imbéciles adeptes au fond des campagnes? Personne que nous sachions. Il faut que cette race athée de démagogues et de pétroleuses se dessèche dans sa perversité et meure de ses propres vices, avant que la société retrouve l'ordre et la paix. C'est donc dans les enfants qu'est toute l'espérance de l'avenir.

ÉPISODES DIVERS.

Il est peu de maisons particulières, parmi celles dont les habitants ne se sont pas enfuis, qui n'aient eu leurs épisodes plus ou moins dramatiques. Mais la nécessité de nous borner aux plus intéressants nous oblige d'écarter ceux qui ressemblent trop aux premiers.

Un propriétaire, bien connu pour ses opinions conservatrices, n'avait pas eu le courage d'abandonner sa maison, quoiqu'elle fût placée tout près des barricades et qu'il eût personnellement beaucoup à craindre des communeux. C'est qu'il en coûte de livrer au pillage tout ce que l'on a de plus précieux, des souvenirs et des portraits de famille, des tableaux de prix, des objets d'art que l'on a collectionnés avec peine, pendant des années. Il faut l'avoir éprouvé pour s'en faire une idée. Que de personnes y tiennent presque autant qu'à la vie! Vainement, les officiers versaillais, qui s'étaient avancés parfois jusque-là, lui avaient conseillé de s'éloigner et de ne pas se laisser envelopper, car il était évident que ce quartier allait devenir le théâtre d'une lutte terrible.

M. X... espérait qu'elle ne serait pas longue et qu'il en sortirait sain et sauf, après avoir préservé son domicile de l'incendie et de la dévastation. Resté seul, et sachant que sa famille était en sûreté, il n'avait à défendre que sa personne; la fuite serait sa dernière ressource. Chrétien fervent, il s'était recommandé à Dieu, à la sainte Vierge et à saint Joseph, en qui il avait une confiance illimitée. Aujourd'hui, il leur attribue hautement sa délivrance. La récitation du chapelet et de quelques autres prières devinrent sa principale consolation, quand la solitude se fut faite autour de lui, et que d'innombrables projectiles pleuvant de toutes parts lui interdirent d'autre séjour que sa cave.

La première balle que les fédérés tirèrent dans sa rue perça la persienne de sa fenêtre, à quelques centimètres de son visage. C'était le commencement d'une fusillade qui ne devait plus cesser, et qui était entremêlée d'obus, de boîtes à mitraille et même, assure-t-il, de boulets rouges. Il vit construire, à peu de distance, une barricade, à laquelle les communeux employèrent les meubles somptueux d'une maison voisine : tables d'acajou, chaises élégantes, glaces, pendules, jusqu'à des paniers de vin; tout fut traîné dans la rue, au milieu de planches et de matelas, par une trentaine d'hommes bien déterminés, que les balles n'effrayaient pas. En vingt minutes, l'opération était faite. Le capitaine, qui l'avait commandée de loin, étant venu alors pour la contempler, reçut une balle dans la tête et tomba raide mort, sans que ses compagnons s'occupassent de lui. Ce furent les Versaillais qui l'enterrèrent, car ils délogeaient en ce moment les fédérés de l'avenue Céline et des jardins avec un tel entrain, que la déroute générale fit disparaître bientôt les défenseurs de la barricade. Les fuyards, pour aller plus vite, jetaient armes et bagages sur les chemins. Deux d'entre eux, ivres sans doute, rencontrèrent un des leurs qui était blessé; ils le prirent par ses vêtements et l'entraînèrent avec une extrême rapidité, mais sans considérer que sa tête portait à terre et sautait sur toutes les pierres. Elle ne devait plus exister quand ils arrivèrent au terme de leur course.

Ils prirent leur revanche, et criblèrent de

projectiles le coin de la rue de Chézy et de la rue Perronet. Des bombes à pétrole mirent le feu à deux maisons, dont les habitants se virent bientôt enveloppés par les flammes. Il fallut les faire passer par les fenêtres. Ce furent les soldats de Versailles qui les sauvèrent au péril de leur vie, car les communeux tiraient avec fureur sur le lieu de l'incendie, pour empêcher sans doute qu'on ne l'éteignît. On vient de retrouver sous les décombres le corps d'un jeune soldat, à moitié calciné.

M. X... recevait aussi sur sa maison de nombreux projectiles, qui mettaient sa vie en danger. Mais comment sortir? Il était au milieu de barricades et de murs crénelés, d'où partaient des coups de fusil à la moindre apparition d'une forme humaine. Depuis dix-sept jours, il n'avait pu se procurer qu'un pain de munition, fourni en fraude par un soldat, au prix de deux bouteilles de vin, qui l'avaient tenté. La vue de cette liqueur enchanteresse l'avait déterminé à franchir la rue, malgré sa consigne. Encore les deux derniers jours, le prisonnier n'eut-il à manger que des pommes de terre et un peu de sucre. Mais la Providence, qu'il avait tant invoquée, allait le délivrer, en lui faisant violence.

Une nuit, vers trois heures du matin, il entend les fédérés qui viennent assiéger sa maison et qui abattent son mur de clôture sur plusieurs points. C'était la mort qui arrivait ; il n'y avait plus à délibérer. Il s'habille à la hâte, ouvre sa porte et s'élance à travers la rue, sur le mur crénelé qui le séparait des Versaillais. Un feu de peloton l'accueille au passage et ne fait que l'effleurer. Il est dans l'autre camp. Mais là, on l'arrête et on veut le fusiller comme un insurgé. Longtemps il se défend et s'explique sans être écouté. Enfin on consent à le conduire au colonel, qui résidait à Notre-Dame-des-Arts. Là, il fut bien accueilli et confié à des soldats, qui le menèrent au général, avenue de Madrid. Mais, chemin faisant, il courut perpétuellement le danger d'être tué par les projectiles qui sifflaient dans toutes les directions, surtout au passage des boulevards et des rues. Enfin, protégé par la sainte Vierge et saint Joseph, en qui on ne se confie jamais en vain, il put se rendre à Versailles, au milieu de ses amis.

Les gardes nationaux, qui s'emparèrent de sa maison et qui reconnurent ses fonctions à ses papiers, saccagèrent tout ce qui leur tomba sous la main. Ils coupèrent les tableaux avec leurs sabres, et notamment la tête d'une très-belle statue d'un célèbre magistrat, peu populaire, puis ils la pendirent. Le bureau de travail fut haché en morceaux.

Les arbres mêmes du jardin passèrent tous par les armes. Que n'eût-on pas fait, si on eût pris le propriétaire? C'était alors le sort des hommes les plus estimables, d'exciter particulièrement la haine de ces forcenés (1).

Parmi leurs bataillons, on distinguait surtout celui des *Vengeurs de Flourens*, qui était composé de jeunes furieux et d'ivrognes consommés. Ils immolaient surtout les bouteilles de vin. C'était, au reste, le premier soin de ces communeux. Etant entrés chez un homme avancé en âge, ils s'amusaient à boire son vin sous ses yeux, sans lui en laisser prendre, et ils lui vendaient l'eau de son puits cinquante centimes par seau. Quelle cruelle dérision! A la fin, ils lui mirent un revolver

---

(1) Ajoutons, pour donner une idée de l'abondance des projectiles lancés sur ce quartier des rues Chézy et Perronet, que, dans la seule maison dont nous parlons, on a recueilli sur les parquets 32 kilos 400 grammes de balles, sans compter celles qui sont restées dans les murs, et plus d'une barrique d'éclats d'obus.

sous le menton, en lui disant : « F.... le camp d'ici. » Il dut quitter son domicile. On n'est pas plus barbare chez les *Peaux-Rouges*.

Beaucoup de personnes ont été tuées à leurs fenêtres ou à leurs portes, en regardant trop curieusement les allées et venues des soldats. Quelques-unes ont été victimes de leur charité. On raconte qu'un vieillard, regardant à travers ses persiennes ce qui se passait dans la rue, aperçut un soldat versaillais qui tombait sous une balle, atteint en pleine poitrine. A cette vue, il oublie ses soixante-dix ans et le sifflement des projectiles; il court au secours du malheureux. Mais, à peine s'est-il penché sur lui, pour écarter ses vêtements, examiner sa blessure et essayer de le rappeler à la vie, qu'il est lui-même frappé de douze balles à la fois et renversé sur le corps du soldat. C'étaient les insurgés qui lui faisaient expier ainsi son acte d'humanité !

Des cris d'horreur sont poussés par quelques passants et par des curieux qui s'avancent aux fenêtres; tout le quartier en retentit. A ce bruit, deux jeunes hommes s'approchent, et reconnaissent leur père dans ce généreux vieillard. Quelle n'est pas leur douleur! Quelle n'est pas leur colère contre les assassins! Mais la vengeance n'était pas possible, et il n'y avait pas un moment à perdre, car leur propre vie était également menacée. Ils prennent donc ces dépouilles sacrées et les emportent dans leur maison. Là, destitués de tout secours, ils fabriquent une sorte de cercueil avec des planches, et attendent la nuit pour le porter au cimetière. A l'heure où les ténèbres ralentissaient la fusillade, ils chargent eux-mêmes sur leurs épaules ce précieux fardeau, et, par des voies détournées, arrivent au champ du repos. Ils y creusent une fosse, y descendent silencieusement les restes vénérés et les arrosent une dernière fois de leurs larmes, avant de les recouvrir de terre. Après avoir ainsi rendu les derniers devoirs à leur bien-aimé père, ils rentrent tristement chez eux, maudissant la fureur des guerres civiles.

Une femme avait vu tomber son mari sous une balle dans la rue. Personne n'osait aller le relever, tant la fusillade était terrible. Mais que ne fait pas une épouse! Sans réfléchir, entraînée par sa douleur, elle se précipite, vole à lui et le rapporte dans ses bras. Hélas! ses tendres soins ne purent le sauver. Il ne tarda pas à mourir. Cette malheureuse femme pleura sur son corps et le garda pendant huit jours dans sa retraite solitaire, jusqu'à ce que l'infection du cadavre la forçât de s'en séparer. Elle sortit à sa porte et cria longtemps au secours, pour qu'on vînt l'aider à transporter et à inhumer ces restes chéris. A la fin, quelques hommes l'entendirent et se dévouèrent. Ils firent un mauvais cercueil avec quelques vieilles planches; mais elles étaient trop courtes pour couvrir la tête et les pieds du mort. Ils le portèrent néanmoins à une fosse préparée, et tous ceux qui voyaient passer ce funèbre convoi frémissaient d'horreur. La pauvre veuve resta seule à pleurer. Sa famille était absente et ne pouvait venir la consoler.

En dehors de ces faits plus saillants, combien de souffrances obscures ont été endurées par des familles entières, par des femmes timides et par de pauvres enfants, sous cet ouragan perpétuel de balles et de mitraille! A moitié ensevelis sous leurs maisons qui s'écroulaient, ou fuyant dans des caves, où tout leur manquait, quelquefois blessés ou malades, les malheureux habitants de ce quartier ont réellement subi des épreuves effroyables. Puissent-ils les avoir endurées avec foi et les avoir offertes à Dieu pour apaiser sa justice! Ceux qui l'ont fait ne les auront point perdues; ils les retrouveront dans l'autre vie au nombre de leurs mérites. Mais combien ne faut-il pas plaindre l'insensé qui n'en sait tirer aucun profit, et qui blasphème contre le ciel, au lieu d'accepter l'expiation!

Depuis que la guerre est finie, on a découvert une mine qui devait faire sauter tout le carrefour de la rue Perronet et de la rue de Chézy. Un souterrain étroit, dans lequel un homme avait peine à passer en se courbant, partait des caves du marchand de vin de l'angle, traversait cette derrière rue et allait aboutir au delà, dans la chambre principale de la mine, qui contenait sept barils de poudre. La terre retirée de ces excavations était mise dans des sacs et servait à faire des barricades dans les maisons. Pourquoi le feu ne fut-il pas mis à cette mine, qui devait ensevelir des bataillons versaillais sous les ruines du quartier? On ne le sait pas; mais on suppose avec vraisemblance que les positions des insurgés furent tournées si rapidement, que, se voyant pris par derrière, ils ne songèrent qu'à la fuite. Tous les cadavres trouvés à l'entrée du souterrain avaient la figure tournée vers les portes.

On sait que beaucoup d'autres quartiers n'ont échappé au même péril que par des incidents tout providentiels. Leurs habitants sauront-ils en rendre grâces à Dieu? Hélas! la foi est bien affaiblie dans beaucoup d'âmes; elles aiment mieux attribuer leur salut au hasard, qui ne leur demande pas de reconnaissance.

Deux respectables dames, de l'avenue de Villiers, pensaient bien autrement. Logées à un cinquième étage, dans une maison que tout le monde croyait la plus exposée, elles ont mis leur confiance dans la sainte Vierge, comme dans le palladium le plus sûr contre les projectiles qui pleuvaient de toutes parts. Un petit autel fut érigé par leurs mains en l'honneur de Marie, pour le mois de mai, dans une de leurs chambres, et chaque jour elles y allaient prier plusieurs fois, quand le bruit de l'artillerie était le moins effrayant. Car, cédant aux avis de la prudence, elles étaient descendues dans les caves, comme tant d'autres, couchant sur des caisses et des planches, et supportant mille privations, malgré le zèle dévoué d'une jeune bonne, qui les approvisionnait au péril de sa vie. Eh bien! les maisons voisines ont été criblées, la leur même a beaucoup souffert, mais l'autel de Marie a été respecté, et ses pieuses servantes n'ont éprouvé aucun dommage sérieux dans leur appartement. Elles l'attribuent hautement à une protection spéciale de la bonne Vierge.

Au moment où les Versaillais leur apportaient la délivrance, un effroyable danger, qu'elles ne soupçonnaient pas, leur fut révélé. Il y avait une poudrière cachée à quelques pas de leur maison, et les insurgés avaient résolu de la faire sauter en se retirant. Les troupes victorieuses s'y précipitèrent avec une incroyable ardeur, et la fusillade y devint épouvantable. L'insurgé qui devait mettre le feu aux poudres tenait la mèche allumée, quand un soldat le surprit et l'étendit roide mort d'un coup de fusil. Le quartier de Villiers-Bineau était sauvé.

Les prières de nos bonnes dames avaient été bien ferventes pendant cette dernière crise. Quelle ne fut pas leur reconnaissance envers Dieu et envers Marie, quand elles virent l'orage passé et qu'elles se trouvèrent saines et sauves! C'est à leur bienveillance que nous devons cet intéressant récit; nous regrettons de n'y pouvoir ajouter des détails trop longs pour notre plan, mais qui les font s'écrier : « Si nous racontions toutes les preuves de bonté, nous dirions presque d'attentions délicates que nous avons reçues du divin Maître et de sa sainte Mère, durant cette guerre, il nous faudrait écrire toute une brochure. »

RETOUR DES HABITANTS.

Nous avons dit comment les habitants de Neuilly s'étaient éloignés à la hâte, le jour de l'armistice, sans pouvoir emporter leur mobilier et sans avoir même le temps de le mettre suffisamment à l'abri des accidents de la guerre. Depuis leur départ et leur entrée dans Paris, ils étaient fort inquiets de ce qui se passait chez eux, car ils savaient que la lutte dévastatrice continuait avec un acharnement sans égal. Mais ils ne pouvaient en savoir autre chose. Avec quelle impatience et quelle anxiété n'attendaient-ils pas le moment de rentrer dans leurs foyers, pour voir de leurs yeux ce qui restait debout et ce qui n'avait pas été détruit! Hélas! la plupart ne devaient y trouver qu'une cause d'amère douleur; car très-peu de maisons ont été épargnées, et combien d'autres ont été criblées et effondrées par les projectiles, quelques-unes incendiées et presque entièrement démolies! C'est un spectacle horrible à voir.

Le bas de Neuilly semble à moitié détruit, et cependant les brèches des murailles ne sont rien en comparaison des ravages faits à l'intérieur. La rue de Chézy n'est plus qu'une série de ruines alignées des deux côtés. Les rues Péronnet et Borghèse, au delà du boulevard d'Inkermann, n'offrent à l'œil que des maisons éventrées, sans toit, sans façade, sans portes ni fenêtres, ou tellement percées à jour qu'on voit à l'intérieur des cloisons renversées, des escaliers abattus, des meubles broyés, quelques-uns restés à leur place sur un bout de plancher, des cadres et des glaces suspendus à des pans de murs inabordables, ou même des vêtements que le vent fait flotter devant des placards démantelés. Les murs de clôture sont en partie abattus, les portails percés de mille coups, les réverbères renversés et les plus belles plantations coupées à différentes hauteurs. Le boulevard d'Argenson a perdu ses quatre rangs d'arbres séculaires, et toutes ses magnifiques habitations ont été atteintes. L'avenue de Neuilly a moins souffert que celle du Roule. Cette dernière n'a peut-être pas une maison intacte, et elle en compte beaucoup qui tiennent à peine debout, sans parler de celles qui ne sont plus. Tout le monde remarque, au coin de l'avenue de Sainte-Foi, une immense maison toute neuve, qui a dû coûter de cinq à six cent mille francs de construction, et dont il ne reste plus qu'une façade criblée par le canon; tout le fond a été emporté. Que de familles ont dû souffrir de cette catastrophe! Que de victimes ont dû y périr, ne fût-ce que parmi les soldats! Les ravages ont surtout été affreux aux environs des barricades, parce que tous les feux y convergeaient. Le visiteur qui se promène au milieu de ces ruines, en considérant leur orientation, distingue très-bien celles qui sont le fait de la Commune et celles qui proviennent des batteries versaillaises; on pourrait même indiquer de quelle batterie en particulier sont partis les coups.

Si les visiteurs désintéressés ont le cœur navré en voyant de tels malheurs, que ne durent pas éprouver les propriétaires dont la fortune était compromise ou même renversée! Quel ne fut pas le chagrin de malheureux locataires, accourus pour retirer leur mobilier et trop rassurés peut-être par l'aspect des murs, quand ils virent, en pénétrant dans leur domicile, qu'il n'y restait plus rien d'entier, et que les obus y avaient produit l'effet de la foudre! L'espérance d'une indemnité ne console point de telles pertes.

Quelques-uns rencontraient encore des horreurs plus grandes, par exemple de larges taches de sang, des lambeaux de chair ou de cervelle, et des cadavres en putréfaction. Dans une maison, que je ne nommerai pas, les matelas, les édredons et les couvertures étaient tellement souillés qu'il a fallu les sacrifier. Une hache, qui avait servi au combat, était couverte de chair, de sang et de cheveux, au point que personne ne voulut y toucher avec la main. La cave était si horriblement empestée qu'on a dû enlever des tombereaux de terre, avant d'essayer les désinfectants les plus énergiques.

Dans une autre maison plus considérable, les locataires s'efforçaient de déblayer la porte d'une cave. Ils sont suffoqués soudain par une odeur effroyable. Pourtant on veut savoir quelle en est la cause. Quelques-uns allument un flambeau et descendent l'escalier, en surmontant leur répugnance. Quel spectacle s'offre à leurs yeux! Le sol est jonché de cadavres; ils en comptent jusqu'à dix-sept. Quand ils veulent les soulever, les membres se détachent du corps. Depuis quand étaient-ils là? Comment étaient-ils morts? Est-ce la faim qui les a fait périr, ou bien ont-ils été asphyxiés? On n'en sait rien.

Ailleurs, on a trouvé pareillement des victimes isolées, dont le genre de mort restera un mystère. Plusieurs étaient des blessés, qui s'étaient sans doute réfugiés dans les caves ou les souterrains pour se mettre à l'abri des projectiles, et qui sont demeurés privés de tout secours, quand ils n'avaient plus la force d'aller en demander.

Beaucoup d'habitants, en parcourant leurs jardins, y ont trouvé des fosses très-mal conditionnées et laissant exhaler des odeurs infectes; quelquefois on apercevait des bras ou des jambes qui sortaient de sous terre. Ils se sont empressés de faire exhumer ces corps, ou bien de les faire enterrer assez profondément, pour que le voisinage ne pût en souffrir.

Aujourd'hui Neuilly offre le spectacle curieux d'une ville qui renaît de ses ruines, au milieu de la verdure et sous un soleil radieux, car la nature a devancé la résurrection des édifices. Les arbres mutilés cachent leurs plaies sous le feuillage. Les façades des maisons se réparent comme par enchantement, et les grandes avenues reprennent leur vie accoutumée. Dans certains quartiers, néanmoins, on voit encore des nuages de poussière monter vers le ciel : c'est l'effet des démolitions. Une multitude d'ouvriers apparaissent sur les toits, sur les échafaudages ou dans les maisons dépourvues de fenêtres et de portes. Leurs cris retentissent aux alentours. Les travaux sont poussés avec activité, car chacun veut rentrer dans son domicile. Malheureusement les matériaux manquent, le bois, les ardoises, le verre et le reste. Les propriétaires s'impatientent et les entrepreneurs se confondent en excuses. Un peu de temps encore, et les choses se termineront bien.

Toutes les traces matérielles de la guerre vont bientôt disparaître, et la charmante banlieue semblera n'avoir à regretter que ses grands arbres. Elle aura perdu néanmoins beaucoup d'argent et une partie de ses anciens habitants. Que ceux dont la présence peut l'honorer reviennent en toute hâte, et que les autres restent où ils sont, pour que Dieu nous voie d'un meilleur œil. Qu'ils soient remplacés par des familles respectables, dont la religion nous garantisse les principes et les mœurs. Dans de telles conditions, l'avenir de Neuilly sera plus beau que son passé, et nous oublierons les malheurs que nous venons de traverser.

Nota. — En vue d'une nouvelle édition plus complète, nous prions nos lecteurs de Neuilly de vouloir bien nous communiquer d'autres faits intéressants dont ils pourraient garantir l'authenticité.

TABLE

	Pages
Généralités	8
L'église et la mairie de Neuilly	27
Notre-Dame de Ste-Croix	34
Couvent des Dames anglaises	82
Asile des Jeunes Incurables	97
Asile Ste-Anne et autres communautés	122
Episodes divers	159
Retour des habitants	175

Nantes. — Imp. Vincent Forest et Émile Grimaud, place du Commerce, 4.

www.ingramcontent.com/pod-product-compliance
Lightning Source LLC
Chambersburg PA
CBHW060523090426
42735CB00011B/2351